Hans Peter Royer
Du musst sterben, bevor du lebst,
damit du lebst, bevor du stirbst!

Hans Peter Royer

Du musst sterben, bevor du lebst, damit du lebst, bevor du stirbst!

SCM

Stiftung Christliche Medien

SCM Hänssler ist ein Imprint der SCM Verlagsgruppe GmbH,
die zur Stiftung Christliche Medien gehört, einer gemeinnützigen
Stiftung, die sich für die Förderung und Verbreitung christlicher Bücher,
Zeitschriften, Filme und Musik einsetzt.

Dieser Titel erschien zuvor unter der ISBN 978-3-7751-5804-6.

1. Auflage als Jubiläumsausgabe 2019 (12. Gesamtauflage)

© 2019 SCM Hänssler in der SCM Verlagsgruppe GmbH
Max-Eyth-Straße 41 · 71088 Holzgerlingen
Internet: www.scm-haenssler.de · E-Mail: info@scm-haenssler.de

Soweit nicht anders angegeben, sind die Bibelverse
folgender Ausgabe entnommen:
Elberfelder Bibel 2006, © 2006 by SCM R.Brockhaus
in der SCM Verlagsgruppe GmbH Witten/Holzgerlingen.
Weiter wurden verwendet:
NLB: Neues Leben. Die Bibel, © der deutschen Ausgabe 2002
und 2006 SCM R.Brockhaus in der SCM Verlagsgruppe GmbH
Witten/Holzgerlingen.
NGÜ: Bibeltext der Neuen Genfer Übersetzung – Neues Testament
und Psalmen Copyright © 2011 Genfer Bibelgesellschaft.
Wiedergegeben mit freundlicher Genehmigung. Alle Rechte vorbehalten.

Umschlaggestaltung: Kathrin Spiegelberg, Weil im Schönbuch
Titelbild: Casey Horner / unsplash.com
Satz: typoscript GmbH, Walddorfhäslach
Druck und Bindung: GGP Media GmbH, Pößneck
Gedruckt in Deutschland
ISBN 978-3-7751-5944-9
Bestell-Nr. 395.944

INHALT

DANK

Ich möchte einigen besonderen Menschen danken, die maßgeblich zur Entstehung dieses Buches beigetragen haben.

Pfarrer Gerhard Hägel aus Bobengrün hat einmal zu mir gesagt: »Hans Peter, du sprichst die Sprache des Volkes und deshalb musst du predigen. Und weil du darum nicht genügend Zeit zum Lesen übrig hast, lese ich für dich und schicke dir alles, was brauchbar ist.« Gerhard ist nicht nur ein Profitheologe, sondern ein echter Freund und Vater im Herrn. Ich danke dir dafür!

Ich möchte mich auch einmal bei meinen Lehrern und Vorbildern im Glauben bedanken. Davon gäbe es nicht wenige aufzuzählen, aber Charles Price, Peter Wiegand, Peter Reid, Major Ian Thomas und Gerhard Krömer waren und sind wahrscheinlich die einflussreichsten Lehrer in meinem Leben.

Danken möchte ich von ganzem Herzen meinen Mitarbeitern am Tauernhof. Wenn ihr mal nicht zufrieden seid mit mir, vergesst nicht, dass ich von euch geprägt wurde. Danke für euer Mittragen und Mitbeten. Ihr seid echt spitze!

Sabine Ehrle hat mir wieder viel Arbeit gemacht mit all den Korrekturen, Verbesserungs- und Änderungsvorschlägen. Aber sie hatte (fast) immer recht und jede Änderung hat sich gelohnt. Du darfst mich auch in Zukunft immer korrigieren! Danke, Sabine, für deinen unermüdlichen Einsatz.

Ich möchte auch Uta Müller vom Hänssler Verlag danken. Du bist nicht nur eine gute Lektorin, sondern bist mir inzwischen eine ganz liebe Schwester im Herrn geworden.

Dann möchte ich mich bei meinen drei Lieblingskindern Lucas, Lisa und Eva-Maria bedanken. Obwohl ihr euch nicht einen Prediger als Vater ausgesucht habt, steht ihr stets hinter mir. Ihr seid meine Helden, auf die ich echt stolz bin.

Ich möchte mich auch bei meinen Eltern bedanken, ohne die es mich gar nicht gäbe und die mich bis heute unterstützen.

Hannelore, meiner treuen Begleiterin, begeisterten Anhängerin, Freundin und Geliebten möchte ich vor allen anderen danken. Das Leben mit dir ist und bleibt ein schönes Abenteuer.

VORWORT ZUR 7. AUFLAGE

Ich freue mich sehr über die große Nachfrage nach diesem Buch. Im Jahr 2011 habe ich mich erneut mit der Kreuzestheologie beschäftigt. Dabei erkannte ich in meinem Studium, dass einige meiner früheren Aussagen nicht ganz dem entsprachen, was die Bibel lehrt. Darum habe ich nun die ersten drei Kapitel neu verfasst. Ich habe deshalb kein schlechtes Gewissen und will mich nicht einmal dafür entschuldigen, denn ich sehe mich nicht als ein Wissender, sondern als ein Lernender. Als fehlerhafter Botenjunge meines Herrn Jesus ist es mein Vorrecht, immer wieder neue Aspekte der alten Botschaft zu entdecken. Darum werden meine Korrekturen für manche von Ihnen nichts Neues sein, weil meine »neuen Erkenntnisse« für Sie altbekannt und selbstverständlich sind. Inhaltlich hätte ich nur das zweite Kapitel abändern müssen. Zum besseren Verständnis habe ich allerdings auch das erste und dritte Kapitel neu verfasst.

Ich möchte mich an dieser Stelle bei Sen. Mag. Gerhard Krömer und Stefan Kiene für die Korrektur meines Manuskriptes bedanken. Mein besonderer Dank gilt Prof. Dr. Hans-Joachim Eckstein, der mir durch seine christuszentrierten und biblisch-theologischen Argumente half, so manchen Knoten in meinem Denken und Herzen zu lösen.[1]

---

[1] Hans-Joachim Eckstein, Gesund im Glauben, SCM Hänssler, Holzgerlingen 2011.

VORWORT

Im Oktober 1977 wurde eine Boeing 737 von vier PLO-Terroristen nach Mogadischu entführt. Der deutschen Antiterrorgruppe GSG 9 gelang es, in der nur siebenminütigen Aktion »Feuerzauber« die knapp 90 Insassen zu befreien, wobei drei der vier Geiselnehmer getötet wurden. Kurz davor fragte die Stewardess Gaby Dillmann eine der zwei weiblichen Terroristen, ob sie denn keine Angst vor dem Sterben habe. Darauf bekam sie die Antwort: »Nein, wir sind schon lange tot, wir sind längst für Palästina gestorben.« Die Terroristen betrachteten sich selbst als tot, seit sie der PLO beigetreten waren.[2]

Ein Leben in der Nachfolge von Jesus Christus ist vom Prinzip her ähnlich und doch auch ganz anders. Ein Terrorist gibt sein Leben für eine irdische und oftmals böse Sache und bekommt dafür nichts als den Tod. Wir hingegen sind aufgerufen, unser Leben dem Herrn Jesus Christus zu übergeben, dem Retter der Welt und Liebhaber aller Menschen. Jesus sagte zu seinen Jüngern:

> *»Wer sein Leben findet, wird es verlieren,*
> *und wer sein Leben verliert um meinetwillen, wird es finden.«*
> (Mt. 10,39)

Im vorliegenden Buch geht es um »alles oder nichts«.

Wenn Jesus Christus, so wie die Bibel es berichtet, tatsächlich der Weg, die Wahrheit und das Leben ist, dann ist alles, was er gesagt und getan hat, wahr. Wenn Jesus Christus nicht die Wahrheit ist, dann ist er ein Lügner. Jeder Mensch, der mit dem Evangelium

---

[2]   Kai Hermann und Peter Koch, Entscheidung in Mogadischu, Stern-Magazin, Gruner+Jahr 1977, Seite 161, 176.

konfrontiert wird, muss sich für die eine oder andere Möglichkeit entscheiden. Niemand geht den »goldenen Mittelweg«, auf dem er sich beide Möglichkeiten offenhalten kann, denn in der Mitte steht ein Zaun. Und wir befinden uns immer entweder auf der linken oder auf der rechten Seite des Zauns.

Die beiden Seiten des Zaunes benennt die Bibel mit »in Christus sein« oder »außerhalb Christus sein«. Wenn ein Mensch in Christus ist, dann ist er »im Leben«, denn Christus ist das Leben. Und wenn ein Mensch nicht in Christus ist, dann ist er »nicht im Leben«, weder hier noch in der Ewigkeit.

In diesem Buch geht es nicht um Religion, Kirche, Rechtgläubigkeit, Konfession oder ein Bekehrungserlebnis. Denn es kann sein, dass ein Mensch religiös, kirchlich, getauft, rechtgläubig und bekehrt ist, aber dennoch nicht »in Christus« lebt. Wir mögen die Bibel lesen und auswendig lernen, großes Interesse an theologischen Büchern und Kirchengeschichte haben und dennoch kann es sein, dass wir Gott nicht oder kaum kennen. Wir mögen über Christus Bescheid wissen, aber wir kennen ihn nicht, weil wir nicht »in ihm« sind und leben.

Der Ausdruck »in Christus« begegnet uns etwa 170-mal in verschiedenen Formulierungen im Neuen Testament. Wir können Gott nicht näher sein, als wenn wir »in ihm« sind. Aber um in Christus zu sein, müssen wir ihm unser ganzes Leben hingeben. Nicht nur unsere sündhaften Gewohnheiten, unser falsches Denken und unsere bösen Motive, sondern unser ganzes Leben. Das Einzige, was wir wirklich besitzen, ist unser Leben und darum ist es auch das Einzige, was wir Gott tatsächlich geben können.

Da wo ein Mensch sein Leben an Jesus verliert, stellt er mit Erstaunen fest, dass er es gewinnt.

Ein Mensch ist »in Christus«, wenn er ihm bekennt: »Bis jetzt habe ich für mich selbst und ›in mir selbst‹ gelebt, aber hier und jetzt gebe ich nach und verliere mein Leben an dich.« Da wo ein Mensch sein Leben an Jesus verliert, stellt er mit Erstaunen fest, dass er es gewinnt. Denn wir müssen sterben, bevor wir leben, damit wir leben, bevor wir sterben.

E. Stanley Jones hat gesagt: »Die Menschheitsgeschichte wird nicht geteilt durch ›vor Christus‹ (v. Chr.) und ›nach Christus‹ (n. Chr.), sondern durch ›in Christus‹ (i. Chr.) und ›außerhalb Christus‹ (a. Chr.). Denn wer ›in Christus‹ ist, ist ›im Leben‹, und wer ›außerhalb von Christus‹ ist, ist ›im Tod‹.«[3]

C. S. Lewis schrieb: »Letztlich gibt es nur zwei Arten von Menschen. Jene, die zu Gott sagen: ›Dein Wille geschehe‹, und jene, zu denen Gott sagen wird: ›Euer Wille geschehe‹.«

Mancher mag solche Aussagen zwar als theologische Richtigkeiten anerkennen, jedoch haben sie keinen oder wenig Einfluss auf sein alltägliches Leben. Darum ist es mein Anliegen, in diesem Buch die Bedeutung vom Kreuz herauszustreichen und aufzuzeigen, was es für unseren Lebensalltag bedeutet, wenn der Apostel Paulus sagt:

»Ich bin mit Christus gekreuzigt,
und nicht mehr lebe ich, sondern Christus lebt in mir.«
(Gal. 2,20)

Zwei Dinge sind beim Sündenfall geschehen:
- Erstens wurde der Mensch von Gott entfremdet.
- Zweitens wurde das Ebenbild Gottes im Menschen verzerrt und entstellt.

Zwei Dinge geschehen, wenn ein Mensch errettet wird:
- Erstens wird seine Beziehung zu Gott wiederhergestellt. Gott ist kein Fremder mehr, sondern wird zum Vater und Freund.

---

3   E. Stanley Jones, In Christ, Hodder and Stoughton 1961.

- Zweitens will Gott sein charakterliches Ebenbild im Menschen wiederherstellen.

In der ersten Hälfte des Buches geht es um die Erlösungstat von Jesus Christus, wodurch wir Kinder Gottes werden und somit wieder einen freien Zugang zum Vater im Himmel haben. Der zweite Teil des Buches handelt davon, wie Gott seinen Charakter in uns Menschen wiederherstellen will.

Es geht auf den folgenden Seiten um alles oder nichts. Wenn das, was in diesem Buch steht, nicht stimmt, dann zählt es überhaupt nicht, dann vergessen Sie es. Aber wenn es stimmt, dann zählt sonst überhaupt nichts mehr, dann können Sie es nicht vergessen!

KAPITEL 1
Sünde –
ein missverstandenes Wort

Die Geschichte der Menschheit als Ganzes kann auf zwei Begriffe reduziert werden: Sünde und Versöhnung. Die Sünde führte zum Fall der gesamten Menschheit, die Versöhnung zu ihrer Rettung. Zwei große Worte, deren Bedeutung jedoch oftmals missverstanden wird.

Was ist Sünde überhaupt?

Das Wort Sünde wird in unseren Breitengraden inzwischen derart missverstanden, dass ich mich entschlossen habe, diesen Begriff nicht mehr zu gebrauchen – es sei denn, ich habe Zeit, ihn zu erklären.

Im Synonymwörterbuch wird das Wort Sünde gleichgestellt mit »Übertretung, Verstoß, Zuwiderhandlung«. Würden wir in einer Fußgängerzone Menschen befragen, was sie unter Sünde verstehen, so bekämen wir etwa folgende Antworten:

- Sünde ist, wenn ich etwas tue, das falsch ist.
- Sünde ist, was attraktiv oder bequem, aber verboten ist.

Woher kommen solche Ansichten? Wenn ich zum Beispiel fröhlich mit 200 km/h auf der Autobahn in Deutschland unterwegs bin, so ist das in den meisten Fällen kein Problem. Fahre ich jedoch in Österreich genauso schnell weiter, weil es Spaß macht, dann bin ich ein »Verkehrssünder« – ich habe gesündigt. Es ist zwar attraktiv, so schnell zu fahren, aber verboten. Oder wenn ich in der Stadt einfach vor der Kaufhaustür parke, so ist das bequem, aber ich werde zum »Parksünder«.

Dieses Verständnis von Sünde führt uns allerdings in eine ganz falsche Richtung und hat mit dem biblischen Verständnis von Sünde zunächst wenig zu tun. Wenn die Bibel über Sünde spricht, dann geht es zuerst einmal nicht um ein moralisches Vergehen, sondern um die Trennung des Menschen von Gott. Gott schuf den Menschen ja zu seinem Ebenbild. Haustiere hatte er bereits, der Mensch jedoch wurde geschaffen, um ein Gegenüber, ein Partner des dreieinigen Gottes zu sein. Aber der Mensch begnügte sich nicht damit, das Gegenüber Gottes zu sein. Nein, er wollte selbst wie Gott sein. Er wandte sich bewusst von Gott ab und ging von Gott weg in der Überzeugung, er könnte selbst so wie Gott sein. Diese Abwendung, dieses Weggehen des Geschöpfs vom Schöpfer, nennt die Bibel Sünde.

Manch einer mag nun fragen, was denn so tragisch daran ist, wenn man von etwas oder jemandem weggeht. Wenn jemand sein Auto in den Graben fährt und sich deshalb von seinem Auto »trennen« muss, mag er den Unfall dennoch gut überstehen. Jemand kann sogar seinen Ehepartner verlassen und dennoch als Single zurechtkommen. Was also ist so tragisch daran, wenn jemand Gott verlässt?

Sünde brachte den Tod

Wenn ich mein Auto in den Graben fahre, dann ist das ein finanzieller Verlust. Wenn ich einen Menschen verlasse, dann zerbricht die Beziehung zu einem Mitmenschen. Wenn ich aber Gott verlasse, dann verlasse ich den Schöpfer und Geber allen Lebens. Und wenn ich mich vom Leben trenne, dann bin ich nur noch tot. Darum sagte Gott zu den ersten Menschen: »*Du darfst jede beliebige Frucht im Garten essen, abgesehen von den Früchten vom Baum der Erkenntnis des Guten und Bösen. Wenn du die Früchte von diesem Baum isst, musst du auf jeden Fall sterben*« (1. Mose 2,16-17; NL). Dabei ging es nicht um die Frucht oder den Baum. Gott hätte genauso sagen können, dass sie auf jeden Berggipfel steigen dürfen – nur nicht auf den einen. Oder dass sie in jedem See baden dürfen – außer dem einen. Der Baum repräsentierte lediglich den Ort, an dem der Mensch sich gegen Gottes Anweisung entscheiden und sich bewusst von Gott, der sein Leben ist, abwenden konnte.

Später sagte Gott durch seinen Propheten Jeremia: »*Mich, die Quelle lebendigen Wassers, haben sie verlassen …*« (Jer. 2,13). Wenn jemand die Quelle verlässt, wird er umkommen vor Durst. So unbedingt unser Körper Wasser braucht, um zu leben, so unbedingt brauchen wir als Menschen Gott, um nicht zu sterben.

Die Abnabelung des Menschen von Gott brachte die Sünde und damit den Tod in die Welt. Im Brief an die Römer bringt Paulus es auf den Punkt: »*Wie durch einen Menschen die Sünde in die Welt gekommen ist und durch die Sünde der Tod und so der Tod zu allen Menschen durchgedrungen ist, weil sie alle gesündigt haben*« (Röm. 5,12).

Die Abnabelung des Menschen von Gott brachte die Sünde und damit den Tod in die Welt.

Sünde hat eine innere Logik: Die Bibel sagt, dass Gott Liebe, Licht und Leben ist.[4]

Wenn wir uns von dem Gott trennen, der die Liebe ist, dann bleibt uns nur noch der Hass.

Wenn wir uns von dem Gott trennen, der das Licht ist, dann bleibt uns nur noch Dunkelheit.

Wenn wir uns von dem Gott trennen, der das Leben ist, dann bleibt uns nur noch der Tod.

---

[4]   Joh. 1,4; 1. Joh. 1,5; 4,7.16; 5,12.

Wer ist verantwortlich für das Böse, Leid und Tod?

Gott hat Sünde nie erfunden. Sie ist vielmehr das Resultat davon, dass wir Gott ignoriert haben. Gott hat auch das Böse nicht erschaffen. Das Böse ist ein Resultat davon, dass wir Gott, der die Liebe ist, abgelehnt haben.

Was bleibt übrig, wenn wir Liebe wegnehmen? Hass, Neid und Gemeinheit.

Was bleibt übrig, wenn wir das Licht abtöten? Nur Dunkelheit.

Was ist die Konsequenz davon, wenn wir uns vom Leben trennen? Der Tod.

Es ist unsere Sünde, die der Menschheit Leid und Tod brachte. Der Prophet Jesaja sagt: »*Eure Vergehen sind es, die eine Scheidung gemacht haben zwischen euch und eurem Gott, und eure Sünden haben sein Angesicht verhüllt …*« (Jes. 59,2).

Sünde hat uns von Gott getrennt und deshalb ist es die Sünde, die den Menschen tötet. Gott hat kein Interesse daran, irgendeinen Menschen zu töten.

Gott spricht durch den Propheten Hesekiel: »»*Glaubt ihr‹, fragt Gott, der HERR, ›dass ich mich über den Tod eines gottlosen Menschen freue? Ich freue mich vielmehr darüber, wenn er sein Verhalten ändert und am Leben bleibt‹*« (Hes. 18,23).

Gott will nur, dass du lebst! Gott will nur Gemeinschaft mit dir! Dazu hat er uns erschaffen. Nicht Gott tötet uns, sondern die Sünde.

Darum sagt Jesus ausdrücklich, dass kein Mensch *für* seine Sünden sterben wird, sondern wir *sind* bereits tot *in* unserer Sünde.

Joh. 8,21: »*Ihr werdet in eurer Sünde sterben.*«

Joh. 8,24: »*Daher sage ich euch, dass ihr in euren Sünden sterben werdet; denn wenn ihr nicht glauben werdet, dass ich es bin, werdet ihr in euren Sünden sterben.*«

Kol. 2,13: »*Und euch, die ihr tot wart in den Vergehungen …*«

1. Kor. 15,17: »*Wenn aber Christus nicht auferweckt ist […], so seid ihr noch in euren Sünden.*«

Darum ist nicht Gott derjenige, der verantwortlich ist für den Tod des Sünders, sondern unsere Sünde. Die Sünde, die Trennung von Gott, hat den Menschen bereits getötet, weil Sünde uns vom Geber des Lebens separiert hat.

Paulus bringt es auf den Punkt, wenn er schreibt: »*Denn der Lohn, den die Sünde zahlt, ist der Tod; aber das Geschenk, das Gott uns in seiner Gnade macht, ist das ewige Leben in Jesus Christus, unserem Herrn*« (Röm. 6,23; NGÜ).

Nicht Gott tötet den Sünder, sondern die Sünde hat uns bereits getötet. Der Stein, den wir in die Luft geworfen haben, fällt wieder auf uns herunter. Nicht Gott bewirft uns mit Steinen, sondern wir selbst haben die Steine geworfen, die uns treffen. Und leider fallen die von uns geworfenen Steine nicht nur auf uns selbst; oft genug treffen sie auch andere Menschen. Ich habe schon erlebt, wie ein herabfallender Stein oder Eisbrocken im Gebirge eine gewaltige Schneelawine ausgelöst hat. Genauso ist es mit unserer Sünde. Sie fällt nicht nur auf uns selbst zurück, sondern sie hat eine Lawine ausgelöst, die uns als Menschen auf dieser Erde mitreißt.

Darum stimmt es natürlich, dass »die Sünde« (Einzahl) zur Ursache für »die Sünden« (Mehrzahl) wurde. Indem wir als Menschen Gott ignorieren, sind wir *Sünder* geworden. Die Konsequenz unserer Gottesferne ist, dass wir *sündigen*, ein *sündhaftes* Leben führen.

Jeden Tag erleben wir die Auswirkungen der Sünde am eigenen Leib. Uns wird Leid zugefügt und wir fügen anderen Menschen Leid zu durch Neid, Hass, Selbstsucht und dergleichen (siehe dazu Mt. 15,19-20).

Als ich verstand, was die Sünde angerichtet hat, wurde mir auch neu bewusst, wie notwendig wir das Kreuz Jesu brauchen. Ohne das Kreuz gäbe es kein Entrinnen aus der Lawine der Sünde. Ich war in meiner Bergführertätigkeit schon mehrere Male in einer Lawine. Glücklicherweise ist es bis jetzt immer gut ausgegangen. Auch die zerstörende Lawine der Sünde hat einen guten Ausgang gefunden. Und zwar im Kreuzestod und der Auferstehung unseres Herrn Jesus Christus. Denn am Kreuz hat er die Trennung aufgehoben, für Sünde bezahlt und die Möglichkeit geöffnet, wieder in die Gemeinschaft mit unserem himmlischen Vater zu kommen.

KAPITEL 2

Wozu das Kreuz?

Der zweite einschneidende Begriff, mit dem wir uns beschäftigen müssen, ist die *Versöhnung*. Sünde trennte uns von Gott – Versöhnung verbindet uns wieder mit Gott.

Seit meinen Kinderjahren habe ich zunächst im Kindergottesdienst und später in der Jugendstunde gelernt, dass Jesus für unsere Sünden gestorben ist. Das ist, was Christen seit dem Ostergeschehen geglaubt haben und was in einem der ältesten Bekenntnisse des Neuen Testaments verankert ist:

>*Denn ich habe euch vor allem überliefert, was ich auch empfangen habe: dass Christus für unsere Sünden gestorben ist nach den Schriften; und dass er begraben wurde und dass er auferweckt worden ist am dritten Tag nach den Schriften …*« (1. Kor. 15,3).

Immer neue Fragen

Da ich gerne und viel nachdenke und Dinge verstehen und begreifen will, bereitete mir das blutige Kreuz zunehmend Schwierigkeiten.

Ich dachte ungefähr so:
- Der dreieinige Gott hat uns erschaffen, um in Beziehung mit uns zu leben.
- Wir Menschen haben jedoch rebelliert und sind von Gott weggegangen.
- Gott liebt uns aber trotzdem und er will uns vergeben.

- Jetzt muss sein Sohn am Kreuz sterben, damit Gott-Vater uns vergeben kann.

Nun stellte ich mir die Frage: Warum kann mir Gott, wenn er mich wirklich liebt und allmächtig ist, nicht einfach so vergeben? Warum muss ein anderer für mich sterben, damit Gott mir vergeben kann?

Speziell in der Zeit, als ich Vater von drei Kindern wurde, hat mich diese Frage zunehmend beschäftigt. Angenommen, eines meiner Kinder würde mich als Vater ablehnen, sich von mir trennen. Das wäre, biblisch ausgedrückt, die »Sünde«. Als liebender Vater wünsche ich mir aber die Beziehung zu meinem Kind zurück. Was würde ich tun? Würde ich eines meiner anderen Kinder opfern, um das »sündige Kind« zurückzugewinnen? Nein, ich würde dem rebellischen Kind meine Vergebung anbieten. Und wenn das Kind meine Vergebung annimmt, dann wären wir wieder versöhnt. Genau hier war mein philosophisches Problem: Warum konnte Gott nicht dasselbe tun? Warum kam Gott nicht einfach zu uns auf die Erde mit der Botschaft: »Meine Kinder. Ich habe euch alle erschaffen und habe euch immer geliebt. Ihr alle seid von mir davongelaufen, um euer egoistisches Leben ohne mich zu führen. Ich liebe euch aber trotzdem. Und ich will euch vergeben. Kommt doch zurück zu mir!« Ich fragte mich: Warum hätte das nicht genügt? Warum musste Gottes Sohn sterben, damit er mir Sünder vergeben kann? Das ergab für mich keinen Sinn.

Meine Suche nach Antworten

Also machte ich mich auf die Suche nach Antworten und kam vor Jahren zu folgendem Schluss: Gott in seiner Barmherzigkeit möchte uns zwar vergeben, aber seine absolute Gerechtigkeit hindert ihn daran. Als heiliger Gott ist er zornig über Sünde und muss deshalb alle Sünder richten, obwohl er eigentlich vergeben möchte. Der einzige Ausweg aus diesem Dilemma war, dass Gott seinen einzigen, gerechten Sohn Jesus sandte. Dieser löste das Problem, indem er sich anstelle von uns Sündern an den Pranger stellte und damit den gerechten Zorn Gottes auf sich nahm. Damit war der gerechte Zorn von Gott-Vater gestillt und dieser war damit frei, uns abtrünnigen Sündern zu vergeben.

Intellektuell konnte ich damit leben, aber es blieb ein Knoten in meinem Herz. Denn hierbei wurde ja am Kreuz nicht das Problem unserer Sünde gelöst, sondern das Problem von Gottes Gerechtigkeit und Zorn. Jesus wäre demnach nicht für unsere Sünden gestorben, sondern für seinen Vater. Der Auslöser für den Tod am Kreuz war damit nicht unsere Sünde, sondern Gott selbst und sein Charakter. Meine »Belegstelle« für dieses Verständnis war in erster Linie Röm. 3,25-26 und der Begriff »Sühneopfer«.

Was an diesem Verständnis stimmt, ist die Ernsthaftigkeit der Sünde. Falsch ist jedoch, dass Gott das Problem an der ganzen Sache ist.

Mein ehemaliges Gottesbild: Freund oder Feind?

Zum Verständnis will ich jetzt karikieren, wie ich mir aufgrund dieses Verständnisses den Gerichtssaal Gottes und das Geschehen am Kreuz immer vorgestellt habe.

Gott-Vater sitzt als Richter auf dem Thron, ich als Sünder auf der Anklagebank.

Gott-Vater hasst Sünde und muss mich deshalb verurteilen und mit dem Tod bestrafen.

Zwischen dem gerechten und über Sünde erzürnten Gott-Richter und mir steht jedoch der liebende Gott-Sohn, Jesus Christus. Er stellt sich zwischen den zornigen Vater und mich sündigen Menschen und nimmt den Zorn Gottes, der eigentlich mir gebührt, auf sich selbst.

Damit hat Jesus mich vor dem Zorn des Vaters gerettet und ich kann nun als Sünder, dem vergeben wurde, zurückkehren zu meinem Vater im Himmel.

Das hat mich extrem verunsichert im Blick auf den Charakter von Gott-Vater. Will ich überhaupt zu so einem Vater kommen, der mich zwar einerseits liebt und annimmt, andererseits jedoch seinen gerechten Zorn an seinem einzigen Sohn ausleben muss? Wie ist Gott nun? Liebend oder zornig? Nahbar oder unnahbar? An welchen Gott wende ich mich? Folge ich ihm, weil ich ihn liebe, oder unterwerfe ich mich ihm, weil ich Angst vor ihm haben muss?

Als ich im April 2011 bei einer Pfarrerkonferenz in Indien unterrichtete, kam einer der Pastoren auf mich zu und sagte: »Ich habe schon viele Menschen zum Glauben an Jesus gebracht durch Angst vor Gott und der Hölle.« Ich antwortete ihm: »Das glaube ich gerne. Aber welche Art von Jünger hast du damit erzeugt?«

Der Zorn Gottes

In der Bibel kann man nicht übersehen, dass Gott zornig ist über Sünde. Jesus selbst sagte: »*Wer an den Sohn glaubt, hat ewiges Leben; wer aber dem Sohn nicht gehorcht, wird das Leben nicht sehen, sondern der Zorn Gottes bleibt auf ihm*« (Joh. 3,36). Paulus schreibt im Römerbrief: »*Denn es wird geoffenbart Gottes Zorn vom Himmel her über alle Gottlosigkeit und Ungerechtigkeit der Menschen …*« (Röm. 1,18).

Liebe beinhaltet Zorn. Wäre Gott nicht zornig über Sünde, dann wäre er ein gleichgültiger Gott. Ich erinnere mich, als unsere Tochter Lisa im Kindesalter aus heiterem Himmel zwischen unseren Hecken raus auf die Straße lief und wieder zurück. Als ich das sah, gab es mir einen Stich ins Herz, denn ein daherkommender Autofahrer hätte nicht schnell genug reagieren können, um anzuhalten. Ich nahm Lisa zu mir und ermahnte sie, so etwas nie wieder zu tun, da sie damit ihr Leben in Gefahr bringe. Drei Stunden später tat sie es wieder. Ich war regelrecht zornig über ihren Ungehorsam und musste ihr drohen, damit sie so etwas nie wieder tun würde. War ich lieblos? Nein! In dem Fall war es meine Liebe, die mich zornig sein ließ – zu ihrer Rettung. Wäre Lisa weiterhin mir gegenüber ungehorsam geblieben und wäre sie jeden Tag erneut hinausgelaufen, dann hätte sie meinen Zorn immer wieder erlebt und sie wäre womöglich durch einen daherkommenden Autofahrer ums Leben gekommen. Weshalb hätte sie nun im schlimmsten Fall ihr Leben verloren? Wegen meines Zorns oder wegen ihres Ungehorsams? Natürlich wegen ihres Ungehorsams. Obwohl mein Zorn über sie »geblieben wäre«, wäre nicht mein Zorn schuld an ihrem Tod.

Das Gericht Gottes

Gott ist der Richter der ganzen Welt – das ist glasklar in der Bibel verankert. Stellen Sie sich bitte den barmherzigsten und gerechtesten menschlichen Richter vor, den es gibt. Dieser verhängt in einer Gerichtsverhandlung fünfzehn Jahre Haft als Strafe für einen Kinderschänder. Wessen Schuld ist es, dass dieser Verbrecher seine gerechte Strafe bekommt? Die absolute Gerechtigkeit des Richters? Nein! Es ist sein eigenes Vergehen, seine persönliche Schuld, die ihn ins Gefängnis bringt. Natürlich wird ein gerechter Richter zornig sein über ein solch grausames Verbrechen, aber nicht der Zorn des Richters ist schuld an der Verurteilung dieses Mannes.

Gott ist zornig, aber selbst sein Zorn ist letztlich motiviert von Liebe.

Genauso verhält es sich mit Gott. Ja, wir werden von Gott gerichtet. Aber nicht Gottes Gerechtigkeit ist schuld an unserer Verurteilung, sondern unsere Vergehen. Und ja, Gott ist zornig, aber selbst sein Zorn ist letztlich motiviert von Liebe. Nicht Gottes Zorn ist schuld an unserer Verurteilung, sondern er ist Ausdruck seiner Abneigung gegenüber Sünde. Gott ist zornig, aber er ist niemals wütend.

Gott ist Liebe

Die Feststellung, »Gott ist Liebe«, liegt nicht darin begründet, dass er uns Menschen liebevoll behandelt – was er ganz offensichtlich tut (Joh. 3,16). Sie beschreibt eine Tatsache, die seit Ewigkeiten gilt. Gott hat immer geliebt. Jesus betete zu seinem Vater in Joh. 17,24b: »*Du hast mich geliebt vor Grundlegung der Welt.*« Liebe ist nicht nur eine der vielen Eigenschaften Gottes, sondern vielmehr seine Essenz. Liebe ist so bestimmend für das Wesen Gottes, dass Johannes den einzigartigen Satz schreiben konnte: »*Gott ist Liebe*« (1. Joh. 4,8.16). Demgegenüber sagt die Bibel jedoch nie: »Gott ist Zorn« oder »Gott ist Gericht«. Ja, der Gott der Liebe ist zornig und der Gott der Liebe wird richten. Aber selbst sein Zorn und sein Gericht entspringen aus seiner Liebe, weil sie sein Wesen ist. Wenn wir über den Charakter Gottes nachdenken, müssen wir immer mit Liebe beginnen, wie sie in seinem Sohn Jesus Christus offenbart worden ist. Wir dürfen in der Bibelauslegung nie über Jesus hinweggehen und mit verschiedenen Bibelversen ein Bild von Gott entwerfen, das unabhängig von Jesus oder gar im Gegensatz zu ihm steht. Wenn Jesus sagt, dass wir unsere Feinde lieben sollen, dann deshalb, weil Gott seine Feinde liebt. Gott ist »*gütig gegen die Undankbaren und die Bösen*« (Lk. 6,35). Und wir werden nur dann Söhne

Wenn Jesus sagt, dass wir unsere Feinde lieben sollen, dann deshalb, weil Gott seine Feinde liebt.

des Vaters genannt, wenn wir jene lieben, die uns hassen (siehe Mt. 5,43-45). Der Höhepunkt seiner hingebenden Liebe ist ersichtlich am Kreuz, wo er sein Leben für uns gegeben hat.

Inzwischen habe ich verstanden, dass Jesus nicht für seinen »erzürnten Vater« sterben musste, sondern für unsere Sünden. Was hat mir dabei geholfen?

Das Wort »Opfer«

Im Neuen Testament lernen wir, dass der Tod Jesu ein Opfergeschehen war (Hebr. 10,10.14 u. ö.). Jesus wurde am Kreuz als Opfer dargebracht. Wenn man in einem Lexikon nachschlägt, was das Wort Opfer im religiösen Sinn bedeutet, liest man: »Ein Opfer will die Götter versöhnen.« Der Mensch versucht, mit einem Opfer seinerseits einen erzürnten Gott zu versöhnen, zu besänftigen oder umzustimmen.

Dieses Verständnis haben wir in den meisten religiösen Systemen. Vor Kurzem war ich in Indien und schaute mir die Opferrituale in einem großen hinduistischen Tempel an. In Scharen pilgern die Gläubigen dort hin, um ihren Göttern teuren Blumenschmuck oder Geld zu opfern, damit die Ernte gut werde, oder um Krankheit in der Familie abzuwenden. Früher besänftigte man in Griechenland einen launischen Zeus, indem man eine Jungfrau opferte. Das sollte ihn dazu bewegen, wieder Regen auf die dürren Felder zu senden.

Im Alten Testament lesen wir davon, wie Menschen ihre Kinder verbrannten und so ihren falschen Göttern hingaben, um diese zu besänftigen. Im heidnischen Opferverständnis bringt der Mensch ein Opfer, um Gott zu beeinflussen. Wenn wir dieses heidnische Opferdenken in die Bibel hineinnehmen, dann können wir zum Schluss kommen, dass Gott-Vater ein stellvertretendes Opfer gefordert hat, damit er den Menschen gegenüber wieder versöhnlich sein kann. Gott bräuchte also ein Opfer, um sein eigenes Problem von Gerechtigkeit und Barmherzigkeit zu lösen.

Jedoch finden wir dieses naive Opferverständnis weder im Alten noch im Neuen Testament. Die Opferrituale im Alten Testament könnten – oberflächlich betrachtet – dahingehend missverstanden werden, dass hier die Israeliten versuchten, einen erzürnten Gott mit Tieropfern zu versöhnen. Das ist jedoch nicht korrekt. Denn nicht die Israeliten haben von sich aus Opfer dargebracht, um Gott zu gefallen, sondern Gott selbst hat den Israeliten den Opferkult geschenkt, um in Beziehung mit ihnen leben zu können. Bereits im Alten Testament ist nicht der Mensch der Handelnde, sondern Gott.

> Nicht wir haben ein Opfer für Gott dargebracht, sondern Gott hat sich selbst als Opfer für uns gegeben.

Noch klarer wird dies im Neuen Testament, wo Gott in seinem Sohn Jesus Christus zu uns Menschen kam und sich selbst für uns gegeben hat. Nicht wir haben ein Opfer für Gott dargebracht, sondern Gott hat sich selbst als Opfer für uns gegeben. Wiederum ist Gott in Christus der Handelnde, nicht der Mensch. Es ist auch nicht so, dass Jesus sich als Opfer für seinen Vater geben musste, weil beide, Gott-Vater und Gott-Sohn, immer auf unserer Seite waren. Darum ist das Kreuz Jesu nicht eine Verstärkung des heidnischen Opferverständnisses, sondern es ist das Ende allen heidnischen Opferdenkens.

Gott war in Christus – auch am Kreuz

Paulus bringt es im 2. Brief an die Korinther auf den Punkt, indem er schreibt, dass »*Gott in Christus war und die Welt mit sich selbst versöhnt hat*« (2. Kor. 5,18-19). Als Christen glauben wir nicht an zwei oder drei Götter, sondern an den dreieinigen Gott. Paulus schreibt: »*Es gibt nur einen Gott – den Vater, von dem alles kommt und für den wir geschaffen sind. Und es gibt nur einen Herrn – Jesus Christus, durch den alles geschaffen wurde und durch den auch wir das Leben haben*« (1. Kor. 8,6; NGÜ).

Auch am Kreuz war Gott »einer« und nicht zwei verschiedene Götter. Da waren nicht der zornige Gott-Vater und der missbrauchte Gott-Sohn als zwei verschiedene Instanzen, sondern Gott war in Christus – auch am Kreuz. Gott hat kein Opfer von irgendjemand anderem gefordert – das wäre das heidnische Opferdenken. Er hat nicht einen Engel oder einen Propheten ans Kreuz geschickt, sondern Gott hat sich selbst geopfert in seinem Sohn. Am Kreuz trug Jesus die Sünde der ganzen Welt und erlebte am eigenen Leib die Gottesferne von uns Sündern. Er identifizierte sich mit uns und nahm unseren Platz als Gottloser ein. Die Realität der Gottesferne erschütterte selbst die Gemeinschaft innerhalb des dreieinigen Gottes bis zu einem gewissen Punkt, als Jesus rief: »*Mein Gott, mein Gott, warum hast du mich verlassen?*«[5] Einerseits erlebte Jesus hier die Gottesferne an unserer statt und andererseits nannte Jesus seinen Vater selbst in diesem Moment immer noch »mein Gott«. Und im nächsten Satz sagte Jesus zu seinem Vater: »*Vater, in deine Hände befehle ich meinen Geist! Und als er dies gesagt hatte, verschied er*« (Lk. 23,46)[6].

Sowohl die Tiefe des Kreuzesgeschehens als auch die gewaltigen Konsequenzen der Sünde können wir im Moment nur erahnen.[7]

---

[5]   Psalm 22 – ein Psalm Davids.

[6]   Hier zitiert Jesus Psalm 31,6, ein jüdisches Abendgebet.

[7]   Ich habe mich oft gefragt, wie ein paar Stunden Leid am Kreuz und ein Moment der verspürten Gottesferne alle Sünden der Welt aufheben können. Einzig Johannes gibt uns im Buch der Offenbarung einen kleinen Einblick darüber, was es Jesus gekostet hat, die Konsequenzen der Sünde zu tragen. Er sieht den verherrlichten Jesus am Thron Gottes sitzen, einerseits als helles Licht und andererseits als »ein Lamm stehen wie geschlachtet« (Offb. 5,6). Es scheint hier, als ob unsere Sünde, die Jesus auf sich genommen hat, ewige Konsequenzen für den Gottessohn hat. Vielleicht muss er deshalb alle unsere Tränen abwischen, wenn wir ihn sehen, wie er wirklich ist.

Was wir jedoch wissen dürfen, ist, dass Jesus für unsere Sünden gestorben ist. Nicht Gott hat Jesus ans Kreuz geschlagen, sondern er hat sich für unsere Sünde schlagen lassen. Jesaja schreibt: »*Wir aber hielten ihn für den, der geplagt und von Gott geschlagen und gemartert wäre. Aber er ist um unserer Missetat willen verwundet und um unserer Sünde willen zerschlagen ...*« (Jes. 53,4-5; NL).

Sünde ist eine Wirklichkeit, die entfernt werden muss

Damit komme ich zurück zu meiner anfänglichen Frage: Warum kann Gott mir nicht einfach so vergeben? Warum musste Jesus am Kreuz sterben, damit ich mit Gott versöhnt sein kann?

Meine Antwort: Weil die Sünde, die mich von Gott getrennt hat, eine reale Wirklichkeit ist, die aufgehoben und entfernt werden musste. Die verheerenden Auswirkungen unserer Gottesferne sind keine Theorie, sondern Realität. Tod, Leid und Vereinsamung sind die Konsequenzen der »Sündenlawine«, in der wir uns tagtäglich befinden. Jesus musste sterben, weil *wir* schuldig geworden sind.

Die Bibel beschreibt, dass wir Sklaven der Sünde sind.[8] Weil wir uns der Sünde hingegeben haben, hat sie ein Anrecht auf unser Leben. Dieses Anrecht der Sünde hat Jesus am Kreuz auf sich genommen. Gott schuldet niemand etwas, weder sich selbst noch der Sünde. Aber *wir* schuldeten der Sünde etwas – nämlich den Tod. Am Kreuz hat Jesus unseren Platz eingenommen und durch seinen stellvertretenden Opfertod unsere Schuld bezahlt. Er ist für

> Warum musste Jesus am Kreuz sterben, damit ich mit Gott versöhnt sein kann? Weil die Sünde, die mich von Gott getrennt hat, eine reale Wirklichkeit ist, die aufgehoben und entfernt werden musste.

---

[8] Röm. 6,16-20.

unsere Sünde gestorben – ein für alle Mal. Die Sünde und der Tod haben damit den Anspruch über mich verloren. Ich bin der Sünde nichts mehr schuldig, weil Jesus am Kreuz meinen Schuldschein, der gegen mich war, gelöscht hat (siehe Kol. 2,14).

Darum, wenn der Tod bei mir anklopft und mein Leben fordert aufgrund meiner Sünde – denn *der Lohn der Sünde ist der Tod«* (Röm. 6,23) –, dann verweise ich ihn auf das Kreuz und erinnere ihn daran, dass er seinen Tod bereits ausgelebt hat. Denn dort ist Jesus für mich gestorben. Wenn die Sünde zu mir kommt und sagt, dass ich einen Stein geworfen habe und der Stein nun auf mich zurückkommt, dann verweise ich auf das Kreuz und erinnere sie daran, dass hier Jesus Christus bereits die Folgen meiner Sünde getragen hat. Jesus hat stellvertretend für mich den Tod ertragen, den ich verdient hätte. Darum sprechen wir mit Paulus: *»Wo ist, Tod, dein Sieg? Wo ist, Tod, dein Stachel? Der Stachel des Todes aber ist die Sünde, die Kraft der Sünde aber das Gesetz. Gott aber sei Dank, der uns den Sieg gibt durch unseren Herrn Jesus Christus!«* (1. Kor. 15,55-57).

Der »selige Tausch«

In der Theologie spricht man deshalb vom »seligen Tausch«. Er wird im Neuen Testament auf vielfache Weise beschrieben und in Hunderten Liedern besungen:

- Jesus starb, damit wir leben können.
- Jesus wurde zum Fluch, damit wir erlöst sind (vgl. Gal. 3,13).
- Jesus ist zur Sünde geworden, damit wir gerecht sein können (vgl. 2. Kor. 5,21).
- Jesus wurde arm, damit wir reich werden.
- Jesus wurde Knecht, auf dass wir frei sein können (vgl. Phil. 2,6-7).

- Jesus verspürte die Gottesferne, auf dass wir Gott nahe sein können.
- Jesus wurde Menschenkind, damit wir wieder Gottes Kinder werden können.

KAPITEL 3
Versöhnung und Sühne

Neben den beiden Begriffen Sünde und Opfer sind noch zwei weitere Wörter ausschlaggebend für das Verständnis vom Kreuz: Versöhnung und Sühne. Das Wort Versöhnung ist sehr geläufig, das Wort Sühne hingegen ist den meisten total fremd.

Was ist Versöhnung?

Versöhnung bedeutet, Frieden zu stiften, sich mit einer verfeindeten Person wieder zu vertragen. Das gilt sowohl für Menschen untereinander als auch für die Beziehung zwischen Mensch und Gott. Sünde hat diese Beziehung zerstört, Versöhnung hat sie wieder aufgerichtet. Genau das ist die froh machende Botschaft des Evangeliums: In Christus hat Gott uns Menschen wieder mit sich selbst versöhnt! Darauf sind wir stolz und darüber freuen wir uns!

Der Apostel Paulus formuliert es folgendermaßen:
- Wir rühmen uns darin, dass wir durch Jesus Christus Versöhnung empfangen haben (vgl. Röm. 5,11).
- Gott hat uns mit sich selbst versöhnt durch Christus und uns den Dienst der Versöhnung gegeben (vgl. 2. Kor. 5,18).
- Wir sind Gesandte an Christi statt und bitten alle Menschen: Lasst euch versöhnen mit Gott! (vgl. 2. Kor. 5,20).

- Durch Christus hat Gott alles mit sich versöhnt – er hat Frieden geschaffen durch das Blut seines Sohnes (vgl. Kol. 1,20).

Wer musste mit wem versöhnt werden?

Wenn es um Gott und den Menschen geht, stellt sich die Frage: Wer musste mit wem versöhnt werden? Und hier kommt der Punkt, wo ich in meinem früheren Verständnis falschlag. Ich dachte nämlich, dass der über Sünde erzürnte Gott-Vater mit der Welt versöhnt werden musste. Weil Gott in seinem Zorn nicht vergeben konnte, musste Gott-Sohn den Zorn seines Vaters befriedigen und ihn dadurch mit der Welt versöhnen. Aber das ist nicht die Botschaft des Neuen Testaments. Nicht Gott musste mit der Welt versöhnt werden, sondern die Welt musste mit Gott versöhnt werden. Hören wir auf Paulus: »*Alles aber von Gott, der uns mit sich selbst versöhnt hat durch Christus und uns den Dienst der Versöhnung gegeben hat, nämlich dass Gott in Christus war und die Welt mit sich selbst versöhnte ...*« (2. Kor. 5,18-19).

Wir Menschen mussten versöhnt werden mit Gott. Wir haben uns von Gott abgewandt, nicht umgekehrt. Gott war nie unser Feind, sondern wir sind zu Feinden Gottes geworden.[9] Gott ist uns seit dem Sündenfall nachgegangen und will uns wieder für sich gewinnen. Seit der Mensch Gott den Rücken gekehrt hat, ruft Gott bis heute in diese Welt: »*Mensch, wo bist du?*«[10] Und Christus bittet uns: »*Lasst euch versöhnen mit Gott!*« (2. Kor. 5,20). Von Gottes Seite ist die Versöhnung bereits vollbracht. Wir dürfen nun im Glauben diese Versöhnung für uns persönlich in Anspruch nehmen. Gott wartet auf jeden von uns mit offenen Armen – wir müssen nur

---

9   Röm. 5,10; 8,7.
10   1. Mose 3,9.

zu ihm umkehren. Diese bewusste Hinwendung des Menschen zu Gott nennt die Bibel »umkehren«, mich zu Gott hin »bekehren«, »Gott recht geben« oder »Buße tun«.[11]

Das beinahe Unglaubliche ist nun, dass Gott uns nachgeht und uns um Versöhnung bittet. In der Regel ist es nämlich so, dass die schuldige Person sich bei der unschuldigen Partei entschuldigt und um Versöhnung bittet. Wenn ich jemandem Schaden zufüge und damit die Beziehung zu dieser Person gestört oder zerbrochen ist, dann liegt es an mir, diese Beziehung wiederherzustellen, indem ich versuche, mich mit dem anderen zu versöhnen. Gott hat das auf den Kopf gestellt. Er, der Unschuldige, kommt zu mir, dem Schuldigen, und bittet mich mit dem Einsatz seines Lebens: »Lass dich doch bitte wieder mit mir versöhnen!«

> Das beinahe Unglaubliche ist nun, dass Gott uns nachgeht und uns um Versöhnung bittet.

An dem Punkt kann ich nur staunen und schweigen angesichts solch einer Liebe. Ja, es stimmt: Gott braucht mich nicht. Aber er will mich. Mutter Teresa hat es einmal so formuliert: »Gott ist hungrig nach unserer Liebe!« Und wie sehr er mich und meine Liebe haben will, hat er am Kreuz bewiesen. Darum sagt Jesus: *»Größere Liebe hat niemand als die, dass er sein Leben hingibt für seine Freunde«* (Joh. 15,13).

Was ist Sühne?

Ich habe mehrere Menschen gefragt, was sie unter Sühne verstehen. Die meisten konnten überhaupt nichts damit anfangen. Im Bedeutungswörterbuch wird der Begriff folgendermaßen definiert: »Sühne ist etwas, was jemand als Ausgleich für eine Schuld oder für

---

[11] Jes. 31,6; Jer. 3,22; Apg. 3,19; 26,18; Lk. 7,29; Mt. 3,2; 4,17; Apg. 2,38.

ein Verbrechen auf sich nimmt oder auf sich nehmen muss.«[12] Wir sagen zum Beispiel: »Das Urteil war eine gerechte Sühne für diese Tat.« Es geht also um Strafe und Wiedergutmachung. Einem geübten Bibelleser ist dieses Wort zwar geläufig, die inhaltliche Bestimmung jedoch meist vage. Ich befürchte, dass wir in der Theologie neben dem heidnischen Verständnis von »Opfer« leider auch den Begriff der »Sühne« aus dem weltlichen Sprachgebrauch auf die Bibel übertragen haben.

Das Beispiel aus Römer 3,25

In diesem Vers wird für das Kreuzesgeschehen das griechische Wort »hilasterion« verwendet. Verschiedene Übersetzungen gebrauchen für dieses Wort inhaltlich unterschiedliche Beschreibungen, was auf die Schwierigkeit hindeutet, dieses Wort richtig zu verstehen:

- Sühneort (Elberfelder)
- Gnadenthron (Luther)
- Sühne (Luther revidiert)
- Sühneopfer (Neue Genfer Übersetzung)
- Endgültige Versöhnung (Basis Bibel)
- Unsere Schuld gesühnt (Neues Leben)

Ich lese sehr viel in meiner englischen Bibel. In manchen Übersetzungen wird dort das Wort »hilasterion« nicht nur übersetzt,

---

[12]   Duden, Bibliographisches Institut, Mannheim 1985.

sondern gleich interpretiert im Sinne der Satisfaktionslehre.[13] Diese Lehre wurde erst im 11. Jahrhundert populär durch Anselm von Canterbury. Durch ihre innere Logik hat sich diese Satisfaktionslehre bei vielen reformierten Theologen bis heute durchgesetzt. Sie prägte bislang auch meine Vorstellung über das Opfer von Jesus: Ein liebender Gott *möchte* uns zwar vergeben, aber in seiner Gerechtigkeit *kann* er uns nicht vergeben. Und damit der liebende Gott uns vergeben kann, musste sein Sohn den Gerichtszorn Gottes über die Sünde auf sich nehmen.[14]

Der Sühnedeckel und der große Versöhnungstag

Um Sühne biblisch richtig zu definieren, ist es notwendig zu verstehen, was Paulus mit *Sühneort* und *Sühneopfer* meint. In der Neuen Genfer Übersetzung lesen wir in der Fußnote zu Röm. 3,25, dass mit dem Wort »Sühneort« wahrscheinlich an den »Sühnedeckel« erinnert wird. Dabei handelte es sich um die Deckplatte der Bundeslade, die zur Zeit des Alten Testaments im Allerheiligsten stand und auch »Gnadenstuhl« oder »Versöhnungsdeckel«[15] genannt wird. Darauf sprengte der Hohepriester am Versöhnungstag das

---

[13]   Die King James-Version (KJV) übersetzt das Wort mit »propitiation« und die New International Version (NIV) mit »sacrifice of atonement« und der Fußnote »as the one who would turn aside his wrath, taking away sins«. Sowohl das englische Wort »propitiation« (»Besänftigung«, »Sühne«) als auch die Fußnote in der NIV (»Jesus war derjenige, der den Zorn Gottes abgeleitet und damit Sünde weggenommen hat«) haben mich lange Zeit daran gehindert, die biblische Bedeutung des Wortes »Sühne« zu verstehen. Hinweise auf diese falsche Wortverwendung von »propitiation« findet man unter anderem bei: J. P. Louw; Eugene A. Nida, Greek-English Lexicon on the New Testament based on Semantic Domains, Deutsche Bibelgesellschaft, Stuttgart 1988.

[14]   Die Satisfaktionslehre ist zwar in sich schlüssig, setzt jedoch einen dualen bzw. einen in sich gespaltenen Gott voraus, welcher ein Gefangener seiner eigenen Ordnung ist. John Stott, der ein Vertreter dieser Lehre war, kämpfte mit diesem Widerspruch in seinem Buch: The cross of Christ, Inter-Varsitiy Press, Leicester 1986, S. 129–132.

[15]   Hebr. 9,5.

Blut des Opfertieres, das als Sühneopfer für die Sünden des Volkes bestimmt war.

Im dritten Buch Mose (Levitikus) werden die verschiedenen Opfervorschriften erläutert, die Gott seinem Volk gab. Als Gipfel und Höhepunkt allen Opfergeschehens in Israel schenkte Gott seinem Volk den Großen Versöhnungstag, genannt Yom Kippur. An diesem Tag gab Gott seinem Volk die Möglichkeit, alle angehäufte Schuld greifbar loszuwerden und Gott zu begegnen. Was der Große Versöhnungstag für Israel war, ist der Karfreitag heute für alle Menschen.

Was geschah am Großen Versöhnungstag?[16]

Der Sündenbock

Der Große Versöhnungstag ist, neben anderen Vorschriften, durch zwei Opfer bestimmt: den Sündenbock und das Sündopfer. Diese

---

[16] Zum besseren Verständnis möchte ich Sie ermutigen, an diesem Punkt folgende Texte zu lesen: 2. Mose 30,1-10; 3. Mose 4;16.

beiden Opfertiere hatten verschiedene Bestimmungen zu erfüllen (siehe 3. Mose 16). Ihre Unterscheidung hat mir geholfen, die Begriffe Opfer und Sühne im biblischen Sinne einordnen zu können.

Zum einen haben wir den Sündenbock, genannt Asasel. Der Hohepriester legte am Versöhnungstag seine Hände auf den Kopf des Tieres und bekannte alle Schuld, die das Volk Israel im vergangenen Jahr auf sich geladen hatte. Dabei wurde symbolisch die Schuldenlast des Volkes auf diesen Sündenbock übertragen. Viele von uns wissen, wie sehr Sünde zur Last werden kann und wie sehr Menschen unter ihrer Sündenlast leiden. Und Gott schenkte es Israel, diese Last einmal im Jahr loszuwerden. Nach der Handauflegung und dem Schuldbekenntnis wurde dieser Sündenbock, nun beladen mit der Sünde des Volkes, durch einen ausgewählten Mann in die Wüste fortgeschickt, in ein »*Land, wo niemand wohnt*«, und dort über Klippen geworfen. Dort wurde die Sünde »endgelagert«, ein für alle Mal entsorgt. Wie erleichtert mussten die Israeliten gewesen sein, all ihre Sündenlast, die sie belastete, greifbar loszuwerden, und damit wieder durchatmen konnten. Psychiater und Seelsorger bestätigen, dass über 50 Prozent ihrer Patienten gesunden würden, wenn sie nur ihre Schuldenlast ablegen könnten.

Nun sind, wie es der Hebräerbrief im Neuen Testament beschreibt, die Opferriten nur ein »Schatten der Realität«, ein Symbol für das, was Gott selbst in Christus bewirkt hat.[17] Dieses Entsorgen unserer Sündenlast wird in Jesaja 53 über den kommenden Gottesknecht bereits vorhergesagt: »*Unsere Leiden – er hat sie getragen, und unsere Schmerzen – er hat sie auf sich geladen [...] Er war durchbohrt um unserer Vergehen willen, zerschlagen um unserer Sünde willen ...*« (Jes. 53,4-5).

---

17   Hebr. 8,1-13.

So wie der Sündenbock symbolisch die Schuld des Volkes fortgetragen hat, so hat Christus tatsächlich unsere Sündenlast ein für alle Mal von uns entfernt und entsorgt am Kreuz. Und weil die Vergebung von Gottes Seite aus universelle Gültigkeit hat, muss Christus nicht jedes Jahr neu für uns sterben. Dies kam zum Ausdruck, als Jesus rief: »*Es ist vollbracht!*« (Joh. 19,30). Jesus ist für uns zum Sündenbock geworden.

Beim Sündenbock geht es allerdings noch nicht um »Sühnung«, sondern um die Trennung der Sündenlast vom Menschen. Aber das ist nur ein Teil der Geschichte. Denn: Wer bin ich nun, nachdem ich meine Sünde los bin? Ich bin immer noch derselbe alte Mensch. Jetzt weiß ich zwar, *wovon* ich befreit bin, aber ich weiß deshalb noch nicht, *wofür* ich befreit bin. Gott vergibt mir ja nicht meine Sündenlast, damit ich jetzt als momentan sündloser Mensch weiter für mich selbst lebe und wieder fröhlich Schuld anhäufe. Gott entfernt die Sündenlast, damit ich frei werde, um in einer liebevollen Gemeinschaft mit ihm zu leben.

Buße und Gemeinschaft

Dasselbe gilt für das Wort »Buße«[18]. Buße ist notwendig – ich bekenne, dass ich falschliege, ich bekenne meine Schuld. Ich »kehre um«, ich »ändere mein Denken«. Aber das ist nicht das Ziel Gottes mit uns. Sein Ziel mit uns ist die Gemeinschaft mit ihm, weil wir dazu geschaffen sind.

Angenommen, ich will meine Frau Hannelore in Salzburg treffen und besteige dazu den Zug in Schladming. Blöderweise steige

---

[18] Buße kommt vom griechischen Wort »metanoia« und heißt so viel wie »mein Denken ändern«.

ich jedoch in den falschen Zug ein und fahre in die entgegenge-
setzte Richtung. An der dritten Station prüft der Schaffner mein
Ticket und erklärt mir, dass ich mit diesem Zug nie nach Salzburg
kommen werde, sondern mich immer weiter davon entferne. Was
muss ich tun? Ich muss »Buße tun«, ich muss »umdenken« und
umsteigen. Dieses Umdenken ist absolut notwendig, aber es ist
noch nicht das Ziel der Übung. Das Ziel ist, meine Frau Hannelore
in Salzburg in die Arme zu nehmen und bei ihr zu sein. Und wenn
ich dann bei ihr bin, lerne ich sie zu lieben und ihr zu gefallen. Das
Umkehren nennt die Bibel »Buße tun«, das Mit-Gott-verbunden-
Sein nennt die Bibel »Heiligung«.

Damit kommen wir zum zweiten Opfertier.

Das Sündopfer – Vergebung und Heiligung

Neben dem Sündenbock gab es noch einen zweiten Bock, der für
das Volk Israel geopfert wurde – als Sündopfer. Wenn es die Aufgabe des Sündenbocks war, unsere Sündenlast wegzutragen vom
Tempel, dann war es die Aufgabe des Sündopfers, uns zu Gott hin-
zubringen, uns Gott nahezubringen. Im Leben mit Gott geht es
nicht nur darum, wie ich meine lästige Sünde loswerde, sondern
wie ich in seine Gegenwart kommen kann. Nicht nur die Sünde
ist mein Problem, sondern ich als Sünder bin ein Problem. Hätte
Gott nur die Sünde entfernt, dann wären wir zwar für kurze Zeit
»sündlose Sünder«, aber wir wären keine Heiligen. Wir würden
wieder an dem Ort beginnen, wo auch Adam und Eva begonnen
haben. Und wir würden wieder Gefahr laufen, so wie Adam und
Eva, uns erneut von Gott und seiner Liebe abzuwenden.

In Psalm 51 bekennt David seine Schuld von Ehebruch und Mord.
Er betet jedoch nicht nur darum, dass Gott die Sündenlast von
Ehebruch und Mord entfernt, sondern dass er ihn selbst erneuert:

»*Erschaffe in mir, Gott, ein reines Herz, und erneuere mir einen festen Geist.*« Nicht nur die Sünde war sein Problem – sein Herz war das Problem. Und so ist es mit uns. Es genügt nicht, nur unsere Sündenlast loszuwerden, sondern unser Herz soll erneuert werden, ein heiliges Leben sollten wir führen. Das Wort »heilig« bedeutet nichts anderes als »Gott geweiht« oder »abgesondert für Gott« oder »zu Gott gehörig«. Nicht nur Menschen werden als »heilig« bezeichnet. Es gab im Tempel heilige Pfannen und Gerätschaften. Der Tempel selbst wird als Heiligtum bezeichnet. »Heilig« ist nämlich alles, was Gott zur Verfügung steht.

Im Alltagsjargon wird das Wort oft negativ verwendet. Es meint eher scheinheilig oder »extrem gläubig«. Menschen, die sich mit meinem Leben als Christ schwertun, sagen nach dem fünften Bier manchmal abfällig zu mir: »Ach, da ist ja der Heilige.« Ich bedanke mich dann immer für das Kompliment. Ja, ich bin ein Heiliger, ich gehöre zu meinem Gott, ich will ihm zur Verfügung stehen!

Das Sündopfer und Sühnung

Das Interessante ist nun: Wenn wir die rund 100 Bibelstellen im Alten Testament studieren, in denen »Sühnung« vorkommt, dann wird sie oft mit Vergebung, Heiligung, Reinigung und Versöhnung in Verbindung gebracht.

Beim Sündopfer wurde nicht die Sündenlast abgeladen wie beim Sündenbock, sondern das Blut repräsentierte das Volk Israel. Wir lesen in 3. Mose 16,15: »*Und er schlachte den Ziegenbock des Sündopfers, der für das Volk ist, und bringe sein Blut in den Raum innerhalb des Vorhanges [...] und sprenge es auf die Deckplatte und vor die Deckplatte.*«

Das Volk Israel identifizierte sich sozusagen mit diesem Tier – es bildete gewissermaßen eine Einheit mit dem Opfertier. Dieses

Tier wurde geschlachtet und das Blut des Tieres wurde ins Allerheiligste hineingetragen. Dieser Ort war für Israel der heiligste Ort auf der Welt. Es war nämlich der Ort, den Gott erwählt hatte, um dort seinem Volk Israel zu begegnen und Gemeinschaft mit ihm zu haben.[19] An diesem Ort wurden Himmel und Erde auf geheimnisvolle Weise berührt. Einmal im Jahr, am Großen Versöhnungstag, nahm der Hohepriester das Blut des Tieres, stellvertretend für das Volk Israel und sich selbst, und sprengte dieses Blut auf den Deckel der Bundeslade. Das Blut des Sündopfers ermöglichte es den Israeliten, in die Gottesgegenwart zu kommen.[20]

Am Versöhnungstag wurde das Sündopfer nicht vom Tempel weggeführt, sondern das Blut des Tieres zum Altar hingebracht. Der Sündenbock mit unserer Schuld wurde in die Wüste weggeschickt. Das Blut des Sündopfers hat uns zum Sühneort hingeführt und mit Gott versöhnt. So wurde der Tag insgesamt zum Großen Versöhnungstag. Der Tag, an dem Gott die Möglichkeit eröffnete, nicht nur unsere Sünden loszuwerden, sondern uns in die Gemeinschaft mit ihm selbst zu bringen.

Der Sühneort ist der Ort, an dem wir Gott begegnen; das Blut des Sühneopfers ist das Mittel, um an diesen Ort zu kommen. Israel lernte von Gott, was die moderne Medizin heute bestätigt, dass das Leben im Blut ist. Blut steht für Leben, denn die Dynamik des Lebens ist im Blut. Im 3. Buch Mose lesen wir: »*Denn die Seele des Fleisches ist im Blut, und ich selbst habe es euch auf den Altar gegeben, Sühnung für eure Seelen zu erwirken. Denn das Blut ist es, das Sühnung tut durch die Seele in ihm*« (3. Mose 17,11). Kein Sünder könnte von sich aus in die Gegenwart Gottes kommen, weil uns die heilige Reinheit der Gegenwart Gottes augenblicklich aus-

> Der Sühneort ist der Ort, an dem wir Gott begegnen; das Blut des Sühneopfers ist das Mittel, um an diesen Ort zu kommen.

---

[19] 2. Mose 29,42-43; 30,6.
[20] 2. Mose 29,43-46; 3. Mose 6,17-23.

löschen würde. Es bedarf eines reinen Sündopfers, das uns durch sein Leben – und Leben ist im Blut – stellvertretend in die Gegenwart Gottes bringt. Bei Sühne geht es deshalb nicht um eine Strafleistung, sondern um Versöhnung. Es geht um Heiligung, um »zu Gott kommen und bei Gott sein«. Und dieser Ort ist im Alten Testament die Ebene über der Bundeslade, auch bekannt als Gnadenthron oder Sühneort (hebr. »kapporet«).

Jesus – unser Sühneopfer

Aus dem Hebräerbrief lernen wir, dass das Blut von Stieren und Böcken unsere Sünde niemals wegnehmen kann (Hebr. 10,4). Diese Opfer waren nur ein Schatten von dem Kommenden – von Jesus. Ebenso wenig könnte das Blut eines Menschen, wie Sie und ich es sind, Vergebung für andere Menschen schaffen. Wir können zwar stellvertretend einen Schaden, der durch Verantwortungslosigkeit eines anderen Menschen geschieht, einschränken oder wiedergutmachen. Aber wir können niemals stellvertretend die moralische Schuld eines anderen Menschen auf uns nehmen. Wenn jemand einen Mord begeht, kann ich eventuell stellvertretend die 20 Jahre Haft für ihn absitzen. Aber dadurch würde weder ich zum Mörder, noch wäre er damit unschuldig. Moralische Schuld kann man nicht von einem Menschen auf einen anderen Menschen übertragen: *»Niemals kann ein Mann seinen Bruder loskaufen, nicht kann er Gott sein Lösegeld geben – denn zu kostbar ist das Kaufgeld für ihre Seele«* (Ps. 49,8-9).

Wäre Jesus nur ein Mensch wie Sie und ich gewesen, dann hätte sein Tod und sein vergossenes Blut überhaupt nichts bewirkt. Tausende Menschen sind wie er am Kreuz hingerichtet worden – viele von ihnen wahrscheinlich unschuldig. Das Kreuz hat deshalb universelle Bedeutung, weil Gott selbst sich

Gott hat kein Menschenopfer gefordert, sondern Gott selbst war in Christus am Kreuz.

gegeben hat. Gott hat kein Menschenopfer gefordert, sondern Gott selbst war in Christus am Kreuz. Gott hat auch keine Strafleistung von seinem Sohn gefordert, sondern Sünde beseitigt. Und Gott, als unser Schöpfer, ist nicht nur in der Lage, den Schaden der Sünde zu beseitigen, sondern auch unsere moralische Schuld zu übernehmen – uns zu rechtfertigen. Nur Gott selbst kann so etwas vollbringen, kein Mensch.[21]

Lesen wir noch einmal den Schlüsseltext im Neuen Testament über Jesus als Sühneopfer.

> *Denn alle haben gesündigt und in ihrem Leben kommt Gottes Herrlichkeit nicht mehr zum Ausdruck, und dass sie für gerecht erklärt werden, beruht auf seiner Gnade. Es ist sein freies Geschenk aufgrund der Erlösung durch Jesus Christus. Ihn hat Gott vor den Augen aller Welt zum Sühneopfer (oder Sühneort) für unsere Schuld gemacht. Durch sein Blut, das er vergossen hat, ist die Sühne geschehen, und durch den Glauben kommt sie uns zugute.*
> (Röm. 3,23-25a; NGÜ)

Jesus ist für uns beides geworden. Zum einen der *Sündenbock*, der all unsere Sündenlast getragen hat, und zum anderen das *Sühneopfer*, welches uns gottesferne Sünder wieder in die Gegenwart Gottes bringt. Was der Gnadenstuhl im Alten Testament für die Juden war, ist das Kreuz Jesu für alle Menschen zu jeder Zeit. Darum schreibt Johannes: »*Und er ist die Sühnung für unsere Sünden, nicht allein aber für die unseren, sondern auch für die ganze Welt*« (1. Joh. 2,2). »*Hierin ist die Liebe: nicht dass wir Gott geliebt haben, sondern dass er uns geliebt und seinen Sohn gesandt hat als eine Sühnung für unsere Sünden*« (1. Joh. 4,10).

---

[21] Hebr. 9,14.

45

Gott hat uns Sünder immer geliebt. Er hat uns mit sich selbst versöhnt, indem Jesus als Sühneopfer uns den Weg zurück zum Sühneort geöffnet hat – zurück in die liebevolle Gemeinschaft mit Gott. So wie der Große Versöhnungstag insgesamt als ein anschauliches, greifbares Bild für die Erlösung Israels stand, so steht das Kreuz und die Auferstehung Jesu insgesamt für die Erlösung der ganzen Welt. Als zur Sterbestunde Jesu der Vorhang im Tempel zerriss, hat er nicht den Weg für seinen Vater zu uns geöffnet. Er hat vielmehr uns Sündern den Weg zum Vater geöffnet, indem er stellvertretend für uns Sühnung getan hat durch sein Blut.

Die Gerechtigkeit Gottes

Über Jahre habe ich den Text aus Röm. 3,25-26 missverstanden. Dort steht, dass das Sühneopfer notwendig war »*zum Erweis seiner Gerechtigkeit wegen des Hingehenlassens der vorher geschehenen Sünden unter der Nachsicht Gottes; zum Erweis seiner Gerechtigkeit …*«

Ich habe das immer so gelesen, als hätte Jesus die Gerechtigkeit seines Vaters hergestellt. Aber Jesus hat die Gerechtigkeit nicht *hergestellt*, sondern er hat bewiesen, dass Gott immer gerecht ist; er hat die Gerechtigkeit Gottes *dargestellt*. Die Gerechtigkeit Gottes musste nie hergestellt werden, weil Gott nie ungerecht war und nie ungerecht sein kann. Es gibt Dinge, die Gott nicht nur »nicht tut«, sondern die er nicht kann. Er kann z. B. nicht lügen und er kann niemals ungerecht oder untreu sein.[22]

> Aber Jesus hat die Gerechtigkeit nicht *hergestellt*, sondern er hat bewiesen, dass Gott immer gerecht ist; er hat die Gerechtigkeit Gottes *dargestellt*.

Gerechtigkeit und Treue

Noch etwas durfte ich im letzten Jahr lernen, nämlich das hebräische Verständnis des Wortes »Gerechtigkeit«. Martin Luther hat durch die Beschäftigung mit den Psalmen ein ganz neues Wortverständnis von Gerechtigkeit und Rechtfertigung gefunden. In den sogenannten Bußpsalmen machte er eine Entdeckung über die »Gerechtigkeit Gottes«. In Psalm 31,2 steht: »*Bei dir, HERR, habe ich mich geborgen; lass mich niemals zuschanden werden; errette mich in deiner Gerechtigkeit.*«

---

[22]   Tit. 1,2; Hebr. 6,18; 2.Tim. 2,13.

Ich habe mich in meinem Denken bei Luther wiedergefunden in dem, was er durch die intensive Beschäftigung mit den Psalmen entdeckte und 1540 niederschrieb:

> *»Da ich zuerst im Psalm las und sang ›errette mich durch deine Gerechtigkeit‹, da erschrak ich alle Mal und ward den Worten feind: Gerechtigkeit Gottes, Gericht Gottes, Werk Gottes. Denn ich wusste nicht anders, als dass Gerechtigkeit Gottes hier sein strenges Gericht heiße. Wie soll er mich nun nach seinem strengen Gericht erretten? So wäre ich ewig verloren. Aber die Worte ›Barmherzigkeit Gottes‹ und ›Hilfe Gottes‹ hatte ich lieber. Gottlob! Als ich die Sache verstand und wusste, dass Gerechtigkeit Gottes die Gerechtigkeit ist, durch die er uns rechtfertigt, die in Christus Jesus geschenkte Gerechtigkeit, da verstand ich die Grammatik, da schmeckte der Psalter mir erst.«*[23]

Im griechischen Denken ist Gerechtigkeit ein juristischer, abstrakter Maßstab. Im hebräischen Denken ist Gerechtigkeit ein Gemeinschaftsbegriff, ein bundestreues Verhalten. Gott von seiner Seite ist absolut gerecht, er steht zu seinem Bund und er bleibt treu. Und Jesus hat am Kreuz die Bundestreue seines Vaters nicht aufgestellt, sondern unter Beweis gestellt.

Darum lesen wir in 1. Joh. 1,9: »*Wenn wir unsere Sünden bekennen, ist er treu und gerecht, dass er uns die Sünden vergibt und uns reinigt von jeder Ungerechtigkeit.*«

»Gerecht« wird hier nicht im Sinne von »juristisch gerecht« verwendet, weil Gnade juristisch eben nicht gerecht ist. Aber Gott ist bundestreu, er bricht niemals sein Wort.

---

[23] Karl Baral, Handbuch der biblischen Glaubenslehre, VTR, Nürnberg 2010, Seite 357.

Zwischenbilanz

Was ich hier beschrieben habe, spiegelt meine neue Sichtweise wider, die ich aus Gewissensgründen nun in diesem Buch ergänzen will. Mir ist bewusst, dass jede Kreuzestheologie gewisse Fragen offenlässt – so auch diese. Das biblische Zeugnis belässt uns in einer gewissen Spannung, wenn es uns Gott als den »versöhnten Versöhner« und den »gerichteten Richter« vor Augen stellt. Allerdings fügt sich meine neue, veränderte Sichtweise in den gesamtbiblischen Zusammenhang und sie beantwortet viele wesentliche Fragen, die für mich bislang noch offenblieben. Ich freue mich wirklich über die Gewissheit der Liebe Gottes. Er bleibt treu und gerecht, auch wenn ich untreu und ungerecht bin. Das ist für mich die größte Motivation, meinen Herrn zu lieben und ihm zu dienen. Ich wünsche mir, dass auch Sie, lieber Leser, sich daran erfreuen, dass Gott immer für Sie ist.

»Furcht ist nicht in der Liebe, sondern die vollkommene Liebe treibt die Furcht aus, denn die Furcht hat es mit Strafe zu tun. Wer sich aber fürchtet, ist nicht vollkommen in der Liebe.«
(1. Joh. 4,18)

KAPITEL 4

In Christus
oder außerhalb Christus

Gibt es Bedingungen, um in ein Leben der Vergebung und Gemeinschaft mit Gott zu kommen? Die Antwort darauf heißt: »Ja«!

Allerdings: Die Voraussetzungen von Gottes Seite sind bereits alle erfüllt, er ist bereit. Die Vergebung ist vollbracht, der Tod ist besiegt und Gott, der Vater, wartet mit offenen Armen auf die Heimkehr seiner Kinder. Und was müssen wir nun tun? Ganz einfach: Wir müssen heimkehren zu ihm! Wir müssen umkehren von einem Leben ohne Gott hin zu einem Leben mit Gott. Da wo ein Mensch sich im Glauben an Gott wendet, kommt Jesus Christus selbst in sein Leben durch den Heiligen Geist. Damit kommt wieder Leben in diese Person, weil er wieder Gemeinschaft hat mit dem lebendigen Gott. Denn, wie wir bereits besprochen haben, ist der Tod nichts anderes als das Ende einer Beziehung.

»In Christus«

Der Apostel Paulus schrieb an die Korinther: »*Wenn jemand in Christus ist, dann ist er eine neue Schöpfung; das Alte ist vergangen, siehe, es ist alles neu geworden!*« (2. Kor. 5,17).

In Christus haben wir die Gemeinschaft mit Gott und damit das Leben wiedergewonnen, es ist alles neu geworden! Wenn ein Mensch in Christus ist, dann ist er »im Leben«, weil Christus das Leben ist. Und wenn ein Mensch nicht in Christus ist, dann ist er nicht »im Leben«, weder hier noch in der Ewigkeit. Diese Formel

»in Christus« kommt etwa 170-mal im Neuen Testament vor und ist die kürzeste Beschreibung eines Christen. Paulus verwendet diese Formel zehnmal bei der Namenliste im Römerbrief, Kapitel 16. Wir können Gott nicht näher sein, als wenn wir »in ihm« sind. Ein Mensch ist »in Christus«, wenn er ihm bekennt: »Bis jetzt habe ich für mich selbst und ›in mir selbst‹ gelebt, aber hier und jetzt gebe ich nach und verliere mein Leben an dich.« *Denn das Einzige, das wir wirklich besitzen, ist unser Leben, und darum ist es auch das Einzige, was wir Gott tatsächlich geben können.* Und da, wo ein Mensch sein Leben an Jesus verliert, stellt er mit Erstaunen fest, dass er es gewinnt.

E. Stanley Jones hat gesagt (frei aus dem Englischen übersetzt): »Paulus, der größte Bibelausleger der Christenheit, konzentriert sich auf die Phrase ›in Christus‹ und gebraucht sie 97-mal in seinen Briefen, mehr als alle anderen Autoren zusammengenommen. Mit großer Sorgfalt erkannte er, dass diese zwei Worte die Menschheit in zwei Gruppen teilt, nämlich ›in Christus‹ und ›außerhalb Christus‹. Die Menschheitsgeschichte wird nicht geteilt durch ›vor Christus‹ (v. Chr.) und ›nach Christus‹ (n. Chr.), sondern durch ›in Christus‹ (i. Chr.) und ›außerhalb Christus‹ (a. Chr.). Denn wer ›in Christus‹ ist, ist ›im Leben‹ und wer ›außerhalb von Christus‹ ist, ist ›im Tod‹.«[24]

Wir können Gott nicht näher sein, als wenn wir »in ihm« sind.

C. S. Lewis formulierte es ähnlich: »Letztlich gibt es nur zwei Arten von Menschen. Jene, die zu Gott sagen: ›Dein Wille geschehe‹, und jene, zu denen Gott sagen wird: ›Euer Wille geschehe‹.«

---

[24] E. Stanley Jones, »In Christ«, Hodder and Stoughton, London 1961, Seite 9.

Wie gelangt ein Mensch »in Christus«?

Hier kommen wir zum eigentlichen Geheimnis des Evangeliums. Wir kommen nämlich zu dem, was einen Menschen zum Christen macht. Hier müssen wir gut auf Jesus hören und sein Wort unbedingt ernst nehmen. Es geht hier nämlich nicht um verschiedene Meinungen, Konfessionen oder Geschmäcker – es geht um Leben oder Tod.

Der Mensch ist beim Sündenfall gestorben, weil der Geist Gottes von ihm ausgezogen ist. Gottes Geist hatte nun nicht mehr die Möglichkeit, das Denken und das Handeln des Menschen zu leiten, der Mensch war sich selbst überlassen (vgl. Römer 1).

Jesus Christus hat uns den Weg geebnet, dieses Leben in Gott wiederzugewinnen. Die ganze Heilsgeschichte Gottes mit dem Menschen handelt davon, wie er durch seinen Heiligen Geist wieder in uns wohnen möchte. Und das geschieht, indem der Mensch sich an Gott wendet, nachdem Gott sich bereits uns zugewandt hat in seinem Sohn.

Darum fordert Gott alle Menschen auf, zu ihm zu kommen.

- Bereits nach Adam rief Gott, nachdem er in Sünde gefallen war: »*Mensch, wo bist du?*« (1. Mose 3,9).
- Die Propheten riefen immer wieder: »*Kehrt doch um zu eurem Gott!*« (Jes. 31,6; Jer. 3,14 u. v. m.).
- Johannes der Täufer rief: »*Tut Buße!*« (Mt. 3,2).
- Petrus rief zu Pfingsten: »*Bekehrt euch!*« (Apg. 3,19).
- Johannes schrieb: »*Ihr müsst Jesus aufnehmen … an Jesus glauben*« (Joh. 1,12).
- Paulus sagte zu den Athenern: »*Gott … gebietet jetzt den Menschen, dass sie alle überall Buße tun sollen*« (Apg. 17,30).
- Und Jesus sagte: »*Ihr müsst von Neuem geboren werden*« (Joh. 3,1-8).

Umkehren, mich Gott zuwenden ist eine Aufforderung Gottes an mich und deshalb meine Verantwortung. Die Wiedergeburt, das Entstehen einer neuen Schöpfung, ist Gottes Angelegenheit. Wir wissen nicht, wie es geschieht, aber wir wissen, dass es geschieht. Jesus vergleicht die Wiedergeburt mit dem Wind. Wir wissen nicht, wo er herkommt, und wir wissen nicht, wo er hingeht, aber wir spüren, dass er da ist (Joh. 3,7+8).

Umkehren, mich Gott zuwenden ist eine Aufforderung Gottes an mich und deshalb meine Verantwortung. Die Wiedergeburt, das Entstehen einer neuen Schöpfung, ist Gottes Angelegenheit.

Genauso ist es jedes Mal, wenn das Wunder der Wiedergeburt an einem Menschen geschieht. Dieser Mensch tritt vom Tod ins Leben, von einem Leben ohne Gott in ein Leben mit Gott.

Geschieht diese Umkehr zu Gott plötzlich oder allmählich?

Diese Frage beunruhigt manche Menschen, weil sie glauben, dass jeder Mensch ein ähnliches Bekehrungserlebnis haben sollte. Das ist ein Irrtum! Unsere Persönlichkeiten, Prägungen und Gotteserfahrungen sind zu unterschiedlich. Dennoch kann man die Bekehrungen in zwei große Kategorien einteilen, die allmählichen und die plötzlichen. Dazwischen gibt es auch Schattierungen, zu denen ich gehöre. Von den Christen, die ich kenne, haben etwas mehr als die Hälfte eine allmähliche Hinwendung zu Gott erlebt und der andere Teil könnte den Zeitpunkt seiner Umkehr auf den Tag genau nennen.

Menschen, die allmählich zu einem Vertrauen in Christus kommen, sind gewöhnlich solche, die in einem christlichen Elternhaus aufgewachsen sind und die von ihren Eltern gelernt und abgelesen haben, wie ein Leben mit Jesus aussieht. Sie können nicht genau sagen, wo sie die Linie überschritten haben, denn sie haben nie eine

Linie gesehen. Aber sie wissen, dass sie zu Christus gehören, und ihr Denken und Handeln unterscheidet sie klar vom Denken einer gottlosen Welt.

Dann gibt es auch jene Menschen, die eine plötzliche und oftmals radikale Bekehrung erlebt haben. Es sind meist Menschen, die kaum oder nie etwas von Jesus Christus gehört haben. Sie sind zwar oftmals religiös und kirchlich geprägt worden, haben jedoch nie etwas von einer persönlichen Hinwendung und Beziehung zu Jesus Christus gehört. Wenn ein solcher Mensch im Dschungel von Religionen, Traditionen, Formen und Ritualen den liebenden Herrn Jesus entdeckt, dann geschieht eine radikale Umwandlung. Er ist, um die Worte des Paulus zu verwenden, eine neue Kreatur!

Welche der beiden Formen der Hinwendung ist nun gültig? Natürlich beide! Denn nicht das Bekehrungserlebnis an sich ist entscheidend, sondern die Tatsache, dass sich ein Mensch an Jesus wendet und damit »in Christus« ist.

Wenn ein Mensch jedoch nicht bereit ist, sich Jesus zuzuwenden, bleibt er wie gelähmt stehen und kommt Gott keinen Schritt näher. So ein Mensch kann zwar religiös, kirchlich und rechtgläubig sein, aber er ist »tot in seinen Sünden«, wenn er nicht »in Christus« ist. Darum müssen wir bereit werden, alles aus dem Weg zu räumen, das uns hindert, dieses Leben zu erlangen. Ich muss mein eigenes Leben aufgeben, um sein Leben zu gewinnen.

Wie viel Glauben braucht ein Mensch, um gerettet zu werden?

Nicht viel! Nur genug, um zu beginnen. Ich habe mit Menschen gebetet, die nichts über die Bibel und Christus wussten. Sie erkannten aber, dass sie bis jetzt ohne Gott gelebt hatten und dass sie Vergebung brauchten. Sie wollten Gott kennenlernen und Leben empfangen. Und nachdem ich ihnen erklärt hatte, dass Jesus Christus für ihre Sünden gestorben, am dritten Tage auferstanden ist und heute lebt[25], ließen sie sich mit diesem kleinen Glauben auf Jesus Christus ein. Das genügt für den Anfang!

Die wenigsten Menschen verstehen, wie der elektrische Strom funktioniert. Aber wir bleiben deshalb nicht im Dunkeln sitzen, bis wir alles kapiert haben. Nein, wir glauben, dass der Strom funktioniert, schalten die Lampe ein und erfreuen uns am Licht. Ein wenig Glaube genügt, um zu beginnen.

> Die wenigsten Menschen verstehen, wie der elektrische Strom funktioniert. Aber wir bleiben deshalb nicht im Dunkeln sitzen, bis wir alles kapiert haben.

Obwohl ich nicht weiß, wie mein Verdauungstrakt genau funktioniert, bleibe ich nicht vor dem Kühlschrank sitzen, bis ich verhungert bin. Ich weiß zwar nicht, wie, aber ich glaube, dass mein Magen und Darm funktionieren. Und mit diesem kleinen Glauben erfreue ich mich an einer guten Mahlzeit und kann leben.

Niemand muss zuerst alle geistlichen Dinge vom Reich Gottes verstanden haben, um ein Leben mit Gott zu beginnen. Ein wenig Glaube genügt. Wenn ein Mensch »von Neuem geboren ist«, also »in Christus« ist, tun sich ohnehin viele Dinge von alleine auf, die vorher ein Rätsel waren. Die Wiedergeburt an sich bleibt ein Rätsel und wird sogar zum Ärgernis, solange man nur darüber redet. Sobald man sie jedoch im eigenen Leben erfährt, wird sie zu etwas sehr Kostbarem.

---

[25] Eine kurze Zusammenfassung vom Kern des Evangeliums steht in 1. Kor. 15, 3-5.

Ein einfaches Gebet

Vielleicht haben Sie noch nie gebetet. Sie wissen nicht, wie man so etwas tut und was man zu Gott sagt. Ich möchte Sie von Herzen ermutigen: Es ist nicht kompliziert! Gott liebt unsere Einfachheit und Ehrlichkeit. Glauben Sie mir: Er nimmt Sie ernst und Gott hört Ihr Gebet. Er sehnt sich nach Ihnen und wünscht sich nur eins: Dass auch Sie nach Hause kommen zu ihm. Ich schreibe Ihnen hier ein einfaches Gebet auf, welches Sie vor Gott sprechen können:

>*Herr Jesus Christus, ich habe deinen Ruf an mich gehört und danke dir, dass du mich nicht vergessen hast, obwohl ich dich oft vergaß und nicht an dich dachte. Ich hatte mich von dir abgewandt und ging meine eigenen Wege – du aber hast mich nicht aufgegeben.*

Ich bekenne dir die Schuld meines Lebens und die ungezählten Fehler meiner Tage. Ich bitte, Herr: Vergib mir meine Schuld und nimm mich wieder auf. Ich danke dir, Herr, für dein Sterben am Kreuz und für die Freiheit von Schuld, Angst und Hoffnungslosigkeit.

Im Vertrauen darauf, dass du Ja zu mir gesagt hast, antworte ich nun mit einem Ja zu dir. Ich will dein Eigentum sein und bleiben. Gib du mir deine Kraft, stets in deiner Nähe zu bleiben und nicht zu verzagen, wenn ich in Krisen komme.

Zeige mir den Platz in deiner Gemeinde und meinen Platz in deiner dennoch geliebten Welt. Zeige mir meine Gaben und Fähigkeiten, die du mir gegeben hast, damit ich sie dir zur Verfügung stelle und du mich gebrauchen kannst, wo Menschen auf Hilfe warten.

Mache mir dein Wort lieb und gib mir den Mut, meinen Dank, meine Not und meine Bitten im Gebet stets vor dich zu bringen.

Herr Jesus Christus, verwandle du mein Leben, damit es für dich zur Freude und den Menschen zur Hilfe wird.

Amen.«

Was nun?

Wenn ein Mensch heimgekehrt ist zu Gott, hat er einen neuen Status empfangen: Er ist kein Fremder mehr, sondern ist und bleibt ein Kind Gottes. Seine Sünden sind vergeben und die Beziehung zum Vater ist wiederhergestellt. Dieses Heimkehren ist der Beginn eines neues Lebens in der Freiheit des Christus.

Was sind nun die praktischen Auswirkungen dieser neuen Beziehung? Wozu ruft und rettet Gott den Menschen? Das Ziel der Erlösung ist, den Menschen wieder in das Ebenbild Gottes zu verwandeln. Gott rettet uns, um seinen eigenen Charakter im Menschen wiederherzustellen!

KAPITEL 5
Jesus ähnlich werden

»Denn die er vorher erkannt hat, die hat er auch
vorherbestimmt, dem Bilde seines Sohnes gleichförmig
zu sein, damit er der Erstgeborene sei unter
vielen Brüdern.«
(Röm. 8,29)

Gott verfolgt mit uns Menschen eigentlich nur ein Ziel: Dass wir zunehmend so werden wie Jesus. Der Plan Gottes für uns ist, Jesus ähnlich zu werden.

Der englische Theologe Selwyn Hughes schreibt: »Gott möchte, dass du und ich Jesus ähnlich werden. Gottes höchstes Ziel besteht nicht darin, uns zu Missionaren, Ärzten, Predigern oder Pfarrern zu machen – wir sollen vielmehr seinem Sohn ähnlich werden. Alles andere muss diesem vorrangigen Ziel untergeordnet werden. Weil dies das Hauptziel ist, müssen wir uns ernstlich damit befassen.«[26]

So wollen wir uns in diesem Kapitel ernstlich damit befassen, was es bedeutet, Jesus ähnlich zu werden. Man hört nicht sehr viel zu diesem Thema und das aus einem guten Grund: So zu werden wie Jesus ist ein scheinbar unerreichbares Unterfangen, es scheint unmöglich und kann deshalb nur in Versagen und Frust enden. Ich könnte genauso gut versuchen, auf den Mond zu klettern.

---

[26] Selwyn Hughes, Jeder Tag mit Jesus. Erste Glaubensschritte, Asaph Verlag, Kreuzlingen 2003.

Darum predige auch ich in der Regel lieber über die Schwachheiten des Menschen, denn darin finden sich meine Zuhörer und ich mich selbst wieder. Doch, so sagt es die Schrift, ist die Jesus-Ähnlichkeit das Ziel für jeden Menschen. Daher müssen wir uns mit diesem Thema befassen!

So zu werden wie Jesus ist ein scheinbar unerreichbares Unterfangen.

Gott ähnlich zu sein wäre der Normalfall

Biblisch gesehen, ist es weder übermenschlich noch abnormal, so zu sein wie Gott. Es wäre eigentlich der Normalfall. Denn Gott hat den Menschen von Anbeginn der Welt als sein Ebenbild geschaffen, mit dem er in einer engen, persönlichen Gemeinschaft leben wollte. Hätte nicht die Sünde den Menschen entstellt, wären wir charakterlich nach wie vor wie Gott. Wir würden recht denken und handeln, wir würden in Frieden und in Liebe miteinander leben und wir würden Gott ehren.

Weil das der Normalfall sein sollte, sagte Jesus einmal zu seinen Zuhörern: »*Ihr nun sollt vollkommen sein, wie euer himmlischer Vater vollkommen ist*« (Mt. 5,48). Dieses Wort von Jesus konnte ich lange nicht verstehen. Hat er die Latte da nicht etwas hoch angesetzt? Aber Jesus erinnerte sie nur daran, wie der Mensch von Anfang an von Gott geschaffen war, nämlich »*sehr gut*« (1. Mose 1,31). Gott nannte den Menschen nicht deshalb sehr gut, weil er intelligenter oder schöner war als andere Geschöpfe, sondern weil er den Charakter Gottes widerspiegelte. Allerdings nur eine Zeit lang.

Der Abfall vom Normalfall

Nur zwei Kapitel nach der vollkommenen Schöpfung wandte sich der Mensch von Gott ab, verlor den Geist Gottes und wurde zum Sklaven der Sünde (Röm. 6,16-22). Seitdem wird der Mensch von Sünde, das heißt, vom Denken einer gottlosen Welt, geprägt. Die Existenz Gottes wird seitdem verleugnet, unterdrückt und als lächerlich dargestellt. Daran hat sich bis heute nichts geändert. Die Konsequenzen sind nicht zu übersehen: Unrecht, Egoismus, Friedlosigkeit und zerbrochene Beziehungen. Das ist der Alltag in einer verlorenen Welt ohne Gott. Seit dem Sündenfall haben wir vergessen, wie der Mensch eigentlich sein sollte, wie er von Anfang an gedacht war. Darum ist der Mensch so verwirrt über seine eigene Identität.

Gott kommt von außen in unsere Verlorenheit

Um den Menschen wieder zu seinem Ursprung zurückzuführen, sandte Gott seinen Sohn in seine trotz allem geliebte Welt. Er wurde als Mensch in einem Stall geboren, wuchs als Sohn eines Zimmermanns in einem Bergdorf heran und demonstrierte danach über drei Jahre in aller Öffentlichkeit, wie ein »normaler Mensch« denkt und handelt. Er gab Gott die Ehre und liebte die Menschen. Das ist normal!

Er gab Gott die Ehre und liebte die Menschen. Das ist normal!

So wie Adam vor dem Sündenfall spiegelte Jesus in allem, was er sagte und tat, den vollkommenen Charakter Gottes wider. Jesus war kein Supermensch und kein Übermensch, sondern er erniedrigte sich selbst und wurde wie einer von uns (Philipper 2,5-11). Allerdings war er ohne Sünde. Das heißt, dass Jesus, als Mensch, stets vom Geist Gottes geführt und geleitet war.

60

Darum lesen wir von ihm:

- »*Jesus ist ... die Ausstrahlung seiner Herrlichkeit und der Abdruck seines Wesens*« (Hebr. 1,3).
- »*Und das Wort wurde Fleisch und wohnte unter uns, und wir haben seine Herrlichkeit angeschaut, eine Herrlichkeit ... voller Gnade und Wahrheit*« (Joh. 1,14).
- Zu Philippus sprach Jesus: »*Wer mich gesehen hat, der hat den Vater gesehen!*« (Joh. 14,9).

Jeder, der Jesus sah, hat das Wesen des Vaters im Himmel gesehen. Jesus spiegelte als Mensch das Ebenbild Gottes. Damit demonstrierte Jesus als Mensch, wie der dreieinige Gott es sich von Anfang an gedacht hatte.[27]

Darum sprach Gott, der Vater, zu den Jüngern mit einer Stimme aus dem Himmel:

»*Dieser ist mein geliebter Sohn, an dem ich Wohlgefallen gefunden habe. Auf ihn hört!*« (Mt. 17,5). Mit anderen Worten: »An so einem Menschenleben habe ich Wohlgefallen, denn so habe ich die Menschen ursprünglich erschaffen.«

So werden wie Jesus

Das Wort Gottes ist klar. Jeder Mensch ist dazu berufen, so zu werden und so zu leben wie Jesus. Wenn wir in das Ebenbild von Christus verwandelt werden, dann erfüllt sich wieder Gottes ursprünglicher Plan. *Somit wird aus der Gottesebenbildlichkeit die Christusebenbildlichkeit.*

---

27 Nur bei der Schöpfung des Menschen hatte der dreieinige Gott eine »Besprechung unter sich« abgehalten. Wir lesen in 1. Mose 1,26: »*Lasst uns Menschen machen in unserem Bild ...*«.

Der berühmte Christushymnus in Philipper 2,5 beginnt mit den Worten: *»Ein jeder sei so gesinnt, wie Jesus Christus es war!«* Das heißt, dass ein jeder Christ so denken sollte, wie Christus denkt.

Im ersten Brief an die Korinther unterscheidet der Apostel Paulus zwischen jenen Menschen, die Jesus kennen, und jenen, die ihn nicht kennen. Er bezeichnet die einen als »geistliche Menschen« und die anderen als »natürliche Menschen«. Und der Unterschied zwischen den beiden ist ganz einfach der, dass der geistliche Mensch so denkt wie Jesus. Er schreibt: *»Wir aber haben den Sinn* (das Denken) *Christi«* (1. Kor. 2,16). Ein Mensch, der von Christus verwandelt wird, denkt anders als vorher und handelt deshalb anders als der natürliche Mensch.

Darum sagt Paulus zu den Korinthern in seinem zweiten Brief: *»Unser Brief seid ihr, eingeschrieben in unsere Herzen, erkannt und gelesen von allen Menschen; von euch ist offenbar geworden, dass ihr ein Brief Christi seid ... geschrieben nicht mit Tinte, sondern mit dem Geist des lebendigen Gottes ...«* (2. Kor. 3,2-3).

Das heißt, dass die ganze Welt an ihrem Verhalten erkennen sollte, dass diese Menschen zu Christus gehören, weil sie sich so verhalten wie ihr Herr, »geschrieben mit dem Geist des lebendigen Gottes«.

Deshalb werden Christen Nachfolger von Jesus genannt. 70-mal lesen wir in den Evangelien, dass wir Jesus nachfolgen sollten. Jesus ist unser Vorbild: Wir sollten so denken, reden und handeln wie Jesus, wir sollten seine Art übernehmen. Das Wort Jünger (»mathetes«) steht 264-mal in den Evangelien und bedeutet »der Lernende« oder »der Schüler«. In den drei Jahren der Nachfolge haben seine Jünger täglich von Jesus gelernt.

Der Apostel Petrus formulierte es deshalb klar und deutlich: *»Denn hierzu seid ihr berufen worden; denn auch Christus hat für euch gelitten und euch ein Beispiel hinterlassen, damit ihr seinen Fußspuren nachfolgt«* (1. Petr. 2,21).

Christus ist unser Beispiel, dem wir nachfolgen sollen.

Am Tag, bevor Jesus gekreuzigt wurde, wusch er die Füße seiner Jünger und gab ihnen dabei dieses Wort: *»Denn ich habe euch ein Beispiel gegeben, dass auch ihr tut, wie ich euch getan habe«* (Joh. 13,15).

Es ist nun eine Sache, aus dem Wort Gottes zu erkennen, dass wir Jesus ähnlich sein sollten. Im Alltag tatsächlich so zu leben wie Jesus ist jedoch eine ganz andere Sache. Deshalb ist es wesentlich, hier genau auf die Anweisungen der Schrift zu hören und recht zu verstehen, was es bedeutet, Jesus nachzufolgen. Wenn wir hier schlampig sind, endet das Christenleben in Frust und Geschlagenheit oder, noch schlimmer, in Selbstgerechtigkeit. Wie können wir dieses scheinbar unerreichbare Ziel, Jesus ähnlich zu werden, erreichen?

Der größte Fehler, den wir dabei machen können, ist, aus eigener Kraft zu versuchen, Jesus zu kopieren. Wir dürfen niemals versuchen, das Leben von Jesus zu kopieren, sondern wir müssen kapieren, wie er als Mensch gelebt hat. Nicht kopieren, sondern kapieren ist das Geheimnis.

Nicht kopieren, sondern kapieren ist das Geheimnis.

Wie hat Jesus als Mensch gelebt?

Das Leben von Jesus auf dieser Erde hat sich darin ausgezeichnet, dass er in einer ungebrochenen, engen Beziehung zu seinem Vater lebte. Diese »Liebesbeziehung« war durch folgende drei Aspekte gekennzeichnet.

1. Er hat immer den Willen seines Vaters getan

Wenn ich die Evangelien lese, fällt mir etwas im Leben von Jesus ganz besonders auf: Seine Gedanken, sein ganzes Leben kreiste immer um seinen Vater. Sein erstes Anliegen war, den Willen des Vaters zu tun, ihn im Leben und im Sterben zu verherrlichen. Alles andere war zweitrangig. Folgende Bibelstellen sollten genügen, um dies herauszustellen.

- *»Denn wer den Willen meines Vaters tut, der in den Himmeln ist, der ist mein Bruder und meine Schwester und meine Mutter«* (Mt. 12,50).
- *»Die Werke, die ich in dem Namen meines Vaters tue, diese zeugen von mir«* (Joh. 10,25).
- *»Wie der Vater mich gelehrt hat, das rede ich«* (Joh. 8,28).
- *»Ich und der Vater sind eins«* (Joh. 10,30).
- *»Wenn ich nicht die Werke meines Vaters tue, so glaubt mir nicht«* (Joh. 10,37).
- *»Hierin wird mein Vater verherrlicht, dass ihr viel Frucht bringt und meine Jünger werdet«* (Joh. 15,8).

2. Er hat viel Zeit in der Stille mit seinem Vater verbracht

Um den Willen seines Vaters zu erkennen, hat Jesus viel Zeit in der Stille verbracht, um auf seinen Vater zu hören und mit ihm zu reden. Er kommunizierte mit seinem Vater frühmorgens, als es noch dunkel war, tagsüber, wenn er im Dienst stand, und am Ende des Tages.

- Morgens – *»Und frühmorgens, als es noch sehr dunkel war, stand er auf und ging hinaus und ging fort an einen einsamen Ort und betete dort«* (Mk. 1,35).
- Abends – *»Und nachdem er sie verabschiedet hatte, ging er auf den Berg, um zu beten«* (Mk. 6,46).
- Tagsüber – Jesus betete bei der Auferweckung des Lazarus: *»Vater, ich danke dir, dass du mich erhört hast. Ich aber wusste, dass du mich allezeit erhörst ...«* (Joh. 11,41+42).

- Regelmäßig– »*Er aber zog sich zurück und war in einsamen Gegenden und betete*« (Lk. 5,16).

Jesus hat seinen Vater in alle Lebensbereiche einbezogen. Er hat nichts ohne seinen Vater getan, weder in der Stille noch im Treiben des Alltags.

3. Er hat nichts aus eigener Kraft getan

Die Erkenntnis, dass Jesus nichts aus eigener Kraft getan hat, veränderte mein Leben mehr als alle anderen Erfahrungen, die ich mit Gott machen durfte. Es öffnete mir die Augen dafür, wie ich heute als Christ im Alltag leben kann. Obwohl diese Tatsache klar in der Bibel verankert ist, konnte ich es über viele Jahre nicht erkennen. Der Apostel Johannes hat es in seinem Evangelium wiederholt betont.

- »*Da antwortete Jesus und sprach zu ihnen: Wahrlich, wahrlich, ich sage euch: Der Sohn kann nichts von sich selbst tun, außer was er den Vater tun sieht; denn was der tut, das tut ebenso auch der Sohn*« (Joh. 5,19).
- »Ich kann nichts von mir selbst tun; *so wie ich höre, richte ich, und mein Gericht ist gerecht, denn ich suche nicht meinen Willen, sondern den Willen dessen, der mich gesandt hat*« (Joh. 5,30).
- »*Da antwortete ihnen Jesus und sprach:* Meine Lehre ist nicht mein, *sondern dessen, der mich gesandt hat*« (Joh. 7,16).
- »*Da sprach Jesus zu ihnen: Wenn ihr den Sohn des Menschen erhöht haben werdet, dann werdet ihr erkennen, dass ich es bin und* dass ich nichts von mir selbst tue, *sondern wie der Vater mich gelehrt hat, das rede ich*« (Joh. 8,28).
- »*Denn* ich habe nicht aus mir selbst geredet, *sondern der Vater, der mich gesandt hat, er hat mir ein Gebot gegeben, was ich sagen und was ich reden soll*« (Joh. 12,49).
- »*Glaubst du nicht, dass ich in dem Vater bin und der Vater in mir ist? Die Worte, die ich zu euch rede, rede ich nicht von mir*

selbst; *der Vater aber, der in mir bleibt, tut seine Werke*« (Joh. 14,10).

- »*Wer mich nicht liebt, hält meine Worte nicht; und* das Wort, das ihr hört, ist nicht mein, *sondern des Vaters, der mich gesandt hat*« (Joh. 14,24).

Das Leben von Jesus und unser Leben

Also, wie hat Jesus als Mensch auf dieser Erde gelebt?

1. Er war in erster Linie darauf bedacht, den Willen seines Vaters zu tun.
2. Er hat seinen Vater in alle Lebensbereiche einbezogen, zu jeder Tageszeit, sowohl in der Stille als auch im alltäglichen Treiben.
3. Er hat nichts aus eigener Kraft getan, sondern redete und wirkte mit der Kraft seines Vaters, der in ihm wohnt.

Wenn Jesus sagt, dass wir seinem Beispiel folgen sollten, dann müssen wir tatsächlich seinem Beispiel folgen. Denn als Jesus vom Tod auferstanden ist, zeigte er sich oftmals seinen Jüngern und sprach zu ihnen: »*Wie der Vater mich ausgesandt hat, sende ich auch euch!*« (Joh. 20,21). Mit anderen Worten: »So wie mein Leben im Bezug zu meinem Vater funktioniert hat, so wird euer Leben funktionieren in Bezug auf mich!«

> Wenn Jesus sagt, dass wir seinem Beispiel folgen sollten, dann müssen wir tatsächlich seinem Beispiel folgen.

Wie können wir so leben, wie Jesus gelebt hat?

1. Wir müssen nach dem Willen Gottes fragen.
2. Wir müssen Jesus in alle Lebensbereiche einbeziehen, sowohl in der Stille als auch im Treiben des Alltags.
3. Wir dürfen nichts aus eigener Kraft tun, sondern müssen aus der Kraft von Jesus Christus leben, der in uns wohnt.

Die »dummen« Fragen des Philippus

In der Schule habe ich öfter mal nicht kapiert, was der Lehrer im Unterricht wirklich gemeint hat, aber ich war zu feige, um zu fragen. Denn durch meine Frage hätte ich vor allen anderen offenbart, dass ich es nicht kapiert habe. Und ich war immer heilfroh, wenn ein anderer, der es auch nicht verstand, den Mut hatte, meine Fragen zu stellen. Philippus ist ein solcher Kandidat. Ich danke Gott, dass er Jesus jene Fragen stellte, die mir unter den Nägeln brennen. Im 14. Kapitel des Johannesevangeliums ist ein Gespräch zwischen Jesus und Philippus aufgeschrieben. Dieses Gespräch hat mir vor Jahren geholfen, das Leben von Jesus und damit mein eigenes Leben zu verstehen. In den folgenden Zeilen werde ich den Dialog zwischen den beiden etwas ausweiten, um die Antworten von Jesus noch deutlicher zu machen.

Erste Frage: Zeige uns den Vater

Weil Jesus ausschließlich aus der Kraft seines Vaters lebte, konnte er sagen: »*Wenn ihr mich erkannt habt, werdet ihr auch meinen Vater erkennen; und von jetzt an erkennt ihr ihn und habt ihn gesehen*« (Joh.14,7).

Nachdem Jesus seinen 12 Jüngern erklärt hatte, dass sie den Vater über drei Jahre jeden Tag in ihm gesehen haben, gab Philippus sein erstes Statement ab: »Herr, zeige uns den Vater und es genügt uns.« Ich bin so froh über seine Aussage, auch wenn sie zeigt, dass er zu diesem Zeitpunkt noch nichts kapiert hatte. Philippus war verwirrt. Er fragte Jesus: »Herr, ich verstehe nicht. Ich dachte immer, du bist der Sohn Gottes. Und wenn du der Sohn bist, warum sehen wir dann den Vater in dir? Bist du nun der Sohn oder der Vater?« Gute Frage, Philippus, genau das wollte ich auch wissen!

Jesus, in seiner Liebe und Geduld, nimmt Philippus an der Hand und sagt zu ihm: »*So lange Zeit bin ich bei euch, und du hast mich nicht erkannt, Philippus? Wer mich gesehen hat, der hat den Vater gesehen. Und wie sagst du: Zeige uns den Vater? Glaubst du nicht, dass ich in dem Vater bin und der Vater in mir ist? Die Worte, die ich zu euch rede, rede ich nicht von mir selbst; der Vater aber, der in mir bleibt, tut seine Werke«* (Joh. 14,9+10).

Jesus meint hier mit anderen Worten: »Philippus, hör mir zu. Ich bin nicht der Vater, ich bin tatsächlich der Sohn. Aber mein Vater wohnt in mir. Und ich gebe meinem Vater jede Minute die Freiheit, das zu reden und das zu tun, was er will. Ich gebe ihm meine Hände zum Wirken, meine Füße zum Laufen, meinen Mund zum Reden. Darum hörst du nicht meine Worte, wenn ich rede, sondern die Worte meines Vaters, der in mir wohnt. Verstehst du, Philippus? Ich bin der Sohn, aber mein Vater wirkt jeden Tag in und durch mich. Und darum siehst du immer den Vater, wenn du mich siehst. Das Geheimnis meines Lebens ist mein Vater, er ist der geheime Motor in meinem Leben!«

Es kann gut sein, dass Philippus, so wie ich, kopfnickend am Tisch saß und zum ersten Mal kapierte, warum er den Vater sieht, obwohl er Jesus vor sich hatte. Aber mit dem nächsten Satz muss Jesus den Philippus wieder total verwirrt haben.

Jesus wendet sich an die Jünger und sagt: »*Wahrlich, wahrlich, ich sage euch: Wer an mich glaubt, der wird auch die Werke tun, die ich tue, und wird größere als diese tun, weil ich zum Vater gehe*« (Joh.14,12).

Jesus sagt hier: »Philippus, ich habe noch eine weitere Neuigkeit für dich. Wenn du mir vertraust, dann wirst du genau dasselbe tun wie ich. Dein Leben wird auf dieselbe Art und Weise funktionieren wie mein Leben. Aber Philippus, du musst eines verstehen: Vorher muss ich noch zu meinem Vater gehen!«

Zweite Frage: Warum musst du zum Vater gehen?

Wenn ich Philippus gewesen wäre, hätte ich Jesus gefragt: »Aber Herr, warum musst du zum Vater gehen? Warum ist das so wesentlich? Kannst du nicht bei uns bleiben?« Jesus antwortet auf diese Frage in den Versen 16-20: »*Ich werde den Vater bitten, und er wird euch einen anderen Beistand geben, dass er bei euch sei in Ewigkeit,* den Geist der Wahrheit, *den die Welt nicht empfangen kann, weil sie ihn nicht sieht noch ihn kennt. Ihr kennt ihn, denn er bleibt bei euch und wird in euch sein.* Ich werde euch nicht verwaist zurücklassen, ich komme zu euch. *Noch eine kleine Weile und die Welt sieht mich nicht mehr; ihr aber seht mich: weil ich lebe, werdet auch ihr leben. An jenem Tag werdet ihr erkennen, dass ich in meinem Vater bin und ihr in mir und ich in euch.*«

Jesus sagt mit anderen Worten: »Philippus, ich muss euch für kurze Zeit verlassen. Ich werde jetzt zurückgehen zu meinem Vater im Himmel. Aber sobald ich bei ihm bin, werde ich in der Kraft des Heiligen Geistes zurückkehren. Ich werde euch nicht verwaist zurücklassen, ich selbst komme wieder zu euch und ich werde Wohnung machen in jedem Menschen, der mir vertraut.«

Dritte Frage: Wie soll das Ganze funktionieren?

Philippus, zwar getröstet, aber immer noch verwirrt, stellt seine nächste Frage:

»Herr, das klingt alles etwas mystisch und wunderbar. Wie soll das Ganze im Alltag funktionieren? Was tut der Heilige Geist und was muss ich tun? Wer tut was?« Darauf antwortet Jesus in den Versen 13+14: »*Was ihr bitten werdet in meinem Namen, das werde ich tun, damit der Vater verherrlicht werde im Sohn. Wenn ihr mich etwas bitten werdet in meinem Namen, so werde ich es tun.*«

Jesus antwortet: »Philippus, bleibe du nur im Gespräch mit mir. Frage nach meinem Willen für dein Leben und bitte mich, dich in allen Lebensumständen zu leiten. Rechne immer mit meiner Gegenwart und vertraue mir in allen Dingen. Dann werde ich tun, was du nicht tun kannst. Und so wirst du zunehmend mir ähnlich werden. Philippus, ich werde in dir wohnen und werde somit zum geheimen Motor deines Lebens!«

Ein fataler Denkfehler

Für etwa zehn Jahre meines Christenlebens habe ich diese Wahrheit nicht erkannt. Ich habe versucht, Gott aus eigener Kraft zu gefallen und Jesus ähnlich zu werden. Ich war Gott dankbar dafür, dass er meine Sünden vergeben und mir das ewige Leben zugesagt hat. Als fairen Gegenzug für seine Großzügigkeit wollte ich wenigstens ein »guter Christ« sein und jene Dinge tun, die Gott gefallen. Ich wollte besonnen, sittsam, nicht streitsüchtig, nicht geldliebend, freundlich und geduldig sein, aber ich schaffte es nicht. Ich wollte Gott dienen von ganzem Herzen, ganzer Seele und ganzer Kraft, aber ich scheiterte kläglich. So zu sein wie Jesus wurde für mich zunehmend eine Illusion. Es ging so weit, dass ich mich für einige Jahre von Christus zurückzog, weil ich müde war von diesem Versuch, so zu sein, wie ich nicht sein konnte. Ich wusste zwar, dass die Dinge, die ich in diesen Jahren tat, Gott nicht gefallen haben, aber wenigstens lebte ich nicht mehr als Heuchler.

Jahre danach hörte ich zum ersten Mal den Satz:

Christsein ist nicht leicht, Christsein ist auch nicht schwer, Christsein ist unmöglich! Dieser Satz hat mich damals enorm provoziert. Dem ersten Teil konnte ich zustimmen, dem zweiten Teil konnte ich überhaupt nicht zustimmen und der dritte Teil verwirrte mich, aber schenkte mir gleichzeitig einen Hoffnungsschimmer, dass es vielleicht doch eine Möglichkeit gibt, als fröhlicher Christ zu leben.

Und dann zitierte der Prediger noch den Vers aus Galater 2,20, wo Paulus sagt: »*Ich bin mit Christus gekreuzigt und nicht mehr lebe ich, sondern Christus lebt in mir.*«

> Ich wollte Gott dienen von ganzem Herzen, ganzer Seele und ganzer Kraft, aber ich scheiterte kläglich.

Nach und nach passten die vielen unbeantworteten Fragen wie in einem Puzzle zusammen. Und ich erkannte einen entscheidenden Punkt: Wenn Jesus mich auffordert, seinem Beispiel zu folgen, wenn er will, dass ich dasselbe tue, was er getan hat, dann muss er mir auch dieselbe Kraftquelle zur Verfügung stellen, die er als Mensch hatte. Wenn der Herr Jesus über sich selbst sagt, dass er nichts aus sich selbst getan hat, dann kann er auch von mir nicht erwarten, dass ich die Werke aus mir selbst vollbringe.

Wenn Jesus von uns verlangen würde, dasselbe zu tun, was er getan hat, und uns dabei nicht dieselbe Kraftquelle zur Verfügung stellte, dann wäre Jesus ein Menschenverächter, der sich nur lustig über uns macht.

Traktor und Schneeschaufel

Es wäre ungefähr so, als wenn ich im Winter unseren Parkplatz mit dem großen Traktor meines Schwagers in einer Stunde räume und meinen Sohn Lucas auffordere, mir dabei genau zuzuschauen. Nachdem ich dann mein Werk mit dem 100-PS-Traktor in relativ kurzer Zeit erfolgreich beendet habe, wende ich mich an Lucas und sage zu ihm: »So, Lucas, du hast jetzt zugesehen, wie ich das gemacht habe. Ich hoffe, du hast gut aufgepasst. Die nächsten paar Wochen bin ich nämlich unterwegs und während dieser Zeit bist du verantwortlich, dass der Parkplatz immer geräumt ist. Ich habe dir ein Vorbild gegeben, wie der Parkplatz aussehen soll. Wenn du mich wirklich liebst, dann wirst du den Parkplatz genauso sauber halten, wie ich es dir gezeigt habe!«

Nach diesen eindringlichen Worten gebe ich Lucas noch einen Kuss, verabschiede mich von ihm und drücke ihm dann eine Aluminium-Schneeschaufel in die Hand.

Weil er mich liebt, bemüht er sich nun täglich, mit der kleinen Schaufel die Schneemassen zu beseitigen. Aber obwohl er jeden Tag vor und nach der Schule gewissenhaft Schnee schaufelt, schafft er nicht einmal einen Bruchteil der Aufgabe. Er ist frustriert über sich selbst und traurig darüber, dass er mich enttäuscht hat.

Lieber Leser, wäre das Ganze nicht eine riesengroße Gemeinheit von mir? Wäre das nicht menschenverachtend? Aber so ist es, nicht wenige Christen befinden sich genau in dieser Lage! Sie wollen Jesus von ganzem Herzen lieben und seine Gebote halten. Aber sie schaffen es nicht. Darum glauben sie schließlich, Versager zu sein und ungeeignet für ein Christendasein. Und in ihrer Verzweiflung wenden manche Gläubige Christus dann den Rücken zu. Ich kann das gut verstehen und nachvollziehen.

Aber sehen Sie: Wenn ich von Lucas verlange, dasselbe zu tun, was ich getan habe, dann muss ich ihm auch denselben Traktor zur Verfügung stellen und ihm beibringen, wie man damit umgeht. Wie kann ich als liebender Vater von Lucas verlangen, den Parkplatz mit einer Schaufel vom Schnee zu befreien, wenn ich selber dazu einen 100-PS-Traktor verwendet habe? Das wäre doch eine echte Gemeinheit, besonders dann wenn ich Lucas mit »Liebe« dazu motiviere!

Jesus Christus ist nicht gemein oder menschenverachtend. Und darum ist es mir ein Rätsel, warum ich jemals glauben konnte, dass ich aus eigener Kraft versuchen müsste, das zu tun, was er getan hat. Darum hat diese Erkenntnis, dass Christus in mir lebt und meine Kraft zum Leben ist, mein Christenleben revolutioniert. Er gibt nicht nur Kraft von außen, er ist die Kraft von innen!

Jesus Christus selbst ist durch die Gegenwart des Heiligen Geistes die Kraftquelle im Leben eines jeden Christen. Dieses »Lebensgeheimnis« hat Jesus zusammengefasst mit den Worten: »*Ich bin der Weinstock, ihr seid die Reben. Wer in mir bleibt und ich in ihm, der bringt viel Frucht, denn getrennt von mir könnt ihr nichts tun*« (Joh. 15,5). Diesen Vers kenne ich seit meiner Konfirmation auswendig, aber dessen befreiende Wahrheit habe ich erst viel später kennengelernt.

Darum ist es mir ein Rätsel, warum ich jemals glauben konnte, dass ich aus eigener Kraft versuchen müsste, das zu tun, was er getan hat.

Eine Warnung

Ich kenne mehrere Christen, die genau denselben fatalen Denkfehler gemacht haben wie ich. Über Jahre trugen sie eine Last, die sie nicht tragen können und nie hätten tragen sollen. Sie versuchten, Jesus zu lieben und seine Gebote zu halten. Sie nahmen die Bibel ernst und bekannten sich klar zu Christus. Aber über die Jahre wurden sie enttäuscht von sich selbst und von anderen Christen. Sie erkannten, wie weit die Schere zwischen dem, wie ein Christ sein soll und wie er wirklich ist, auseinanderklafft. Schließlich haben sie mehr oder weniger das Wort der Bibel über Bord geworfen und sich eine »humanere Theologie« angeeignet. Manche von ihnen sind im Innersten ihres Herzens bitter geworden. Sie meiden mich, obwohl ich ihnen nie etwas angetan habe. Aber sie können mir nicht verzeihen und nicht verstehen, dass ich immer noch an dem Christus festhalte, wie er sich in der Bibel offenbart.

Sie haben an irgendeinem Punkt ihres Lebens, so wie ich, einen Denkfehler gemacht. Sie haben die Bibel, das geschriebene Wort Gottes, über Christus gestellt. Sie fühlten sich der Bibel verpflichtet, ohne die Freiheit des Christus entdeckt zu haben. Sie betonten den Buchstaben der Bibel, ohne sich an der Kraft des Geistes zu erfreuen. Sie versuchten, aus Liebe zu ihrem Herrn den Parkplatz mit einer Schaufel vom Schnee zu befreien, ohne die Kraft des Traktors einzusetzen. Ein solches Leben muss zur Gesetzlichkeit führen und kann nur im Frust enden. Leider haben einige Geschwister diesen Denkfehler bis heute nicht korrigiert und haben sich vom gekreuzigten und auferstandenen Herrn Jesus, so wie er sich in der Schrift offenbart, abgewandt.

Sie fühlten sich der Bibel verpflichtet, ohne die Freiheit des Christus entdeckt zu haben. Sie betonten den Buchstaben der Bibel, ohne sich an der Kraft des Geistes zu erfreuen.

Dieser fatale Denkfehler ist leider nicht nur ein Zeichen unserer Zeit, sondern hat sich in der ganzen Kirchengeschichte wiederholt. Der Methodistenpfarrer Maxie Dunnam schrieb in seinem Buch »Alive in Christ«: »Wenn man die Worte und die Taten von Jesus als die Vorlage für das Christentum versteht, verfehlt man das Ziel. Das ist der größte Fehler, den die christliche Kirche seit dem zweiten Jahrhundert begangen hat. Die Betonung, Jesus nachzufolgen in dem, was er tat, reduziert das Christentum zu einer Religion, auf moralische Grundsätze und Ethiken und nimmt dem Christentum alle Kraft. Dies ist in unserer Kirchengeschichte immer wieder geschehen, nämlich die Rolle von Jesus herabzusetzen auf ein Lebensmuster, dem es einfach nachzufolgen gilt.« [28]

---

[28]   Maxie Dunnam, Alive in Christ, Abingdon Nashville Tennessee 1982, Seite 111.

Eine Ermutigung

Die Erkenntnis, dass Christus in mir heute dieselbe Kraftquelle ist, wie sein Vater für ihn war, hat mein Leben viel mehr verändert als meine Wiedergeburt. Darum kann und will ich nichts anderes predigen als *allein Christus*. Zinzendorf bekannte: »Ich habe nur eine Passion: Die ist er und nur er!«

Der Apostel Paulus erinnert die Christen in Ephesus: »*In uns, den Gläubigen, wirkt dieselbe starke Kraft, die Gott bewiesen hat an Christus, als ER ihn auferweckt hat von den Toten*« (Eph. 1,19-20; Albrecht).

Erst mit dem Leben von Christus in uns bekommen wir die Kraft, als Gottes Kinder im Alltag zu leben. Durch sein Leben in uns vermag Gott sein eigenes Charakterbild in uns wieder zu realisieren. Mit dieser Kraft rechnen weder die Physiker, Mediziner oder Psychologen. Aber diese außergewöhnliche Kraft steht jedem Menschen zur Verfügung, der »in Christus« ist und in dem Christus wohnt.

Eine praktische Hilfe

Es ist von großer Wichtigkeit, diese geistlichen Prinzipien zu verstehen. Aber ich war und bin so dankbar für ganz praktische Hilfen in meinem Leben als Christ.

Ich praktiziere seit Jahren ein allmorgendliches Ritual[29] vor dem Aufstehen. Meistens, noch bevor ich aus dem Bett steige, spreche

---

[29] Alle Traditionen und Rituale, die uns zu Christus hinführen, sind gut. Sie sind nur dann eine Gefahr, wenn sie Christus ersetzen. Traditionen und Rituale wurden von Gott eingesetzt, um uns auf die Realität des Christus hinzuweisen, werden aber von Gott verworfen, wenn sie zum Ersatz für die Realität werden.

ich diesen Satz: »Vater, ich gehöre nur dir, ich bin dein Kind.« Damit beginne ich den Tag mit einem Gebet und erinnere mich selbst daran, wer ich bin, nämlich ein Kind Gottes.

Und seit Kurzem spreche ich noch: »Hans Peter, das Geheimnis deines Lebens und dieses Tages ist ganz einfach die Tatsache, dass Christus in dir lebt! Er ist der geheime Motor deines Lebens. Vergiss das nicht!« Damit lenke ich meinen Blick weg von mir selbst und hin auf Christus, dem Anfänger und Vollender meines Glaubens (Hebr. 12,2).

Es tut mir gut, diese Wahrheiten auch tagsüber zu wiederholen. Sie lenken meine Gedanken auf Gott und ich erkenne Schwierigkeiten als Gelegenheiten, weil ich weiß, dass mein Herr Jesus mittendrinnen ist im Geschehen.

»Hans Peter, das Geheimnis deines Lebens und dieses Tages ist ganz einfach die Tatsache, dass Christus in dir lebt! Er ist der geheime Motor deines Lebens.«

KAPITEL 6

Leben gewinnen heißt
Leben verlieren

Im Johannesevangelium spricht Jesus:
»*Wahrlich, wahrlich, ich sage euch: Wenn das Weizenkorn nicht in die Erde fällt und stirbt, bleibt es allein; wenn es aber stirbt, bringt es viel Frucht. Wer sein Leben liebt, verliert es; und wer sein Leben in dieser Welt hasst, wird es zum ewigen Leben bewahren*« (Joh. 12,24-25).

Jesus spricht hier sowohl von seinem eigenen Leben als auch vom Leben seiner Nachfolger. Jesus sagt, dass sowohl er selbst als auch wir unser Leben verlieren müssen, um es zu gewinnen.

Hat Jesus sein Leben verloren?

Als es Jesus bewusst wurde, dass seine Zeit gekommen war, um am Kreuz zu sterben, war seine Seele bestürzt. Wir lesen in den Evangelien, dass Jesus im Garten Gethsemane betrübt und geängstigt war, dass sein Schweiß wie Blut von der Stirn rann und dass er mit Schreien und unter Tränen gebetet hat. Dreimal bat er seinen Vater im Himmel, dass doch der Kelch an ihm vorübergehen möge, fügte jedoch jedes Mal hinzu, »*nicht mein Wille, sondern dein Wille geschehe*«.[30] Seine engsten Freunde bat er, bei ihm zu bleiben und mit ihm zu beten. Aber sie schliefen ein.

---

30   Joh. 12,27; Mt. 26,36-39; Hebr. 5,7+8.

Was hat Jesus so Angst gemacht in diesen Stunden und Tagen vor dem Kreuz? Es war sicherlich nicht der körperliche Schmerz, so furchtbar dieser auch gewesen sein mag. Nein, es war die Geborgenheit bei seinem Vater, die seit Ewigkeit bestanden hatte und die nun gebrochen werden musste.

Die Gedanken von Jesus kreisten in Zeit und Ewigkeit stets nur um seinen Vater. Auch als Mensch wollte Jesus nur eines: den Willen seines Vaters tun, den er über alles liebt. Diese Abhängigkeit von seinem Vater war das herausragendste Merkmal im Leben von Jesus als Mensch auf dieser Erde.

Gott, der Vater, war seinem Sohn jedoch nicht mehr nahe, als der Zorn Gottes über die Sünde seinen Sohn am Kreuz traf, als die Sünde der Menschheit auf Jesus Christus übertragen wurde. Von den Juden wurde er als Gotteslästerer verworfen, von den Römern wurde er als Rebell verurteilt und von seinem himmlischen Vater wurde er verlassen. Obwohl Jesus am Kreuz in vollkommener Übereinstimmung mit dem Willen seines Vaters stand, war er gleichzeitig getrennt von ihm. Vater und Sohn waren zwar vereint im Willen, jedoch getrennt in ihrer Beziehung. Somit verlor der Sohn seinen Vater und der Vater seinen Sohn. Darum konnte Jesus siegreich vom Kreuz her rufen: »*Es ist vollbracht*«, und gleichzeitig unter Tränen sagen: »*Mein Gott, mein Gott, warum hast du mich verlassen?*« (Joh. 19,30; Mt. 27,46).

Vater und Sohn waren zwar vereint im Willen, jedoch getrennt in ihrer Beziehung.

Jesus wollte immer nur »im Vater« sein

Für Jesus Christus zählte im Himmel, auf Erden und unter der Erde nur eines, nämlich »im Vater« zu sein. Ein Leben ohne Vater war für Jesus kein Leben. Man kann einer Person nicht näher sein, als wenn man »in« der anderen Person ist. Jesus verwendete viele verschiedene Ausdrücke, um diese Einheit zwischen ihm und seinem Vater zu beschreiben. Am besten bringt Jesus diese Einheit im Gebet für seine Jünger und alle Gläubigen zum Ausdruck, dem sogenannten hohepriesterlichen Gebet im Johannesevangelium. Jesus betet hier: »*Aber nicht für diese allein bitte ich, sondern auch für die, welche durch ihr Wort an mich glauben, damit sie alle eins seien, wie du, Vater, in mir und ich in dir, dass auch sie in uns eins seien, damit die Welt glaube, dass du mich gesandt hast. Und die Herrlichkeit, die du mir gegeben hast, habe ich ihnen gegeben, dass sie eins seien, wie wir eins sind – ich in ihnen und du in mir –, dass sie in eins vollendet seien...*« (Joh. 17,20-23).

»Im Vater« zu sein bedeutet für Jesus alles, denn sein Vater war und ist sein Leben.

Das Weizenkorn stirbt

Und hier kommt nun das Entscheidende. Um die Gemeinschaft mit seinem Vater nicht aufgeben zu müssen, hätte Jesus vom Kreuz weggehen, eine Legion Engel schicken und seine Ankläger vernichten können (Mt. 26,53). Das hätte er tun können!

Aber wenn er das getan hätte, wäre er für den Rest der Ewigkeit nicht mehr im Willen und Herzen seines Vaters gewesen, er wäre nicht mehr »im Vater« gewesen. Indem er jedoch im Gehorsam seinem Vater gegenüber sein Leben verlor, die Trennung von seinem Vater für kurze Zeit in Kauf nahm, blieb er schließlich für immer im Schoße seines Vaters, er ist für alle Ewigkeit »im Vater«.

Jesus hatte zwei Möglichkeiten: Er hätte an seinem Leben festhalten, das Kreuz und damit die Trennung vom Vater vermeiden können. Aber damit wäre die Welt ein Trümmerhaufen geblieben ohne Hoffnung auf Erlösung und Jesus wäre nie mehr im Willen seines Vaters gewesen.

Oder er war bereit, sein Leben zu verlieren, wie ein Weizenkorn in der Erde zu sterben, damit die Menschheit Rettung und

Hoffnung erfährt und er für alle Ewigkeit im Herz und Willen seines Vaters ist. Jesus wählte das Kreuz, den Tod, das Grab und die Auferstehung – und damit wählte er das Leben im Vater. In seinen letzten Worten am Kreuz übergab er sein Leben dem Vater, als er sprach: »*Vater, in deine Hände übergebe ich meinen Geist!*« (Lk. 23,46).

Und damit blieb er da, wo er immer war, im Schoße des Vaters. Johannes schrieb: »*Niemand hat Gott jemals gesehen; der eingeborene Sohn, der in des Vaters Schoß ist, der hat ihn kundgemacht*« (Joh. 1,18).

Das Weizenkorn bringt viel Frucht

Nachdem das Weizenkorn stirbt, geht die Saat auf und wächst zu einer Pflanze, die Frucht hervorbringt. Im Philipperbrief haben wir den fantastischen Christushymnus, wo dieses Sterben und Gedeihen wunderbar beschrieben ist.

> »*Habt diese Gesinnung in euch, die auch in Christus Jesus [war], der in Gestalt Gottes war und es nicht für einen Raub hielt, Gott gleich zu sein. Aber er* macht sich selbst zu nichts *und nahm Knechtsgestalt an, indem er den Menschen gleich geworden ist, und der Gestalt nach wie ein Mensch befunden, erniedrigte er sich selbst und wurde gehorsam bis zum Tod, ja, zum Tod am Kreuz. Darum hat Gott ihn auch hoch erhoben und ihm den Namen verliehen, der über jeden Namen ist, damit in dem Namen Jesu jedes Knie sich beuge, der Himmlischen und Irdischen und Unterirdischen, und jede Zunge bekenne, dass Jesus Christus Herr ist, zur Ehre Gottes, des Vaters.*«
> (Phil. 2,5-11)

Weil Jesus bereit war, sich selbst zu erniedrigen, hat Gott, der Vater, ihn hoch erhoben. Seitdem sitzt Jesus, der Menschensohn, zur Rechten des Vaters im Himmel, wo alle Engel und Mächte und Kräfte ihm unterworfen sind.[31]

Haben wir unser Leben verloren?

Die meisten Christen wissen, dass Jesus Christus gekreuzigt wurde, den körperlichen Tod erlitt, in das Grab eines reichen Mannes gelegt wurde und am Ostersonntag auferstanden ist von den Toten.[32] Aber was uns vielleicht nicht so bewusst ist, ist die Tatsache, dass wir in Christus ebenfalls gekreuzigt, gestorben, begraben und auferstanden sind. Als Jesus im Johannesevangelium über das Sterben des Weizenkorns und den Verlust des Lebens sprach, bezog er es nicht nur auf sein eigenes Leben, sondern auch auf das Leben seiner Nachfolger.

Gekreuzigt, gestorben, begraben und auferstanden

Das Wort Gottes ist klar. Jeder Mensch, der sich auf Jesus beruft, an ihn glaubt, ist mit Christus gekreuzigt, gestorben, begraben und zum neuen Leben auferstanden.

- *»Ich bin mit Christus gekreuzigt und nicht mehr ich lebe, sondern Christus lebt in mir«* (Gal. 2,19+20).
- *»Sinnt auf das, was droben ist, nicht auf das, was auf der Erde ist! Denn ihr seid gestorben, und euer Leben ist verborgen mit dem Christus in Gott«* (Kol. 3,2+3).

---

[31] 1. Petr. 3,22; Mk. 16,19; Apg. 7,55; Röm. 8,34; Hebr. 1,3.
[32] Alle diese Details wurden übrigens vom Propheten Jesaja bereits Hunderte Jahre davor prophezeit. Siehe Jesaja, Kapitel 53.

- »*Oder wisst ihr nicht, dass wir, so viele auf Christus Jesus getauft wurden, auf seinen Tod getauft worden sind? So sind wir nun mit ihm begraben worden durch die Taufe in den Tod*« (Röm. 6,3+4).
- »*Jesus sprach zu ihr: Ich bin die Auferstehung und das Leben; wer an mich glaubt, wird leben, auch wenn er gestorben ist*« (Joh. 11,25).
- »*Denn wenn wir verwachsen sind mit der Gleichheit seines Todes, so werden wir es auch mit seiner Auferstehung sein*« (Röm. 6,5).

Ich kenne diese Verse seit jungen Jahren, aber, ehrlich gesagt, konnte ich damit kaum etwas anfangen. Diese ganze Sache, dass ich mit Christus gekreuzigt und auferstanden sein soll, war für mich mystisch und unreal. Darum stellte ich diese Aussagen der Bibel einfach in die »theologische Ecke«, ohne irgendeinen Bezug zum Alltagsleben zu erkennen. Aber über die Jahre hat mich die Wahrheit dieser Verse zunehmend geprägt und mein Leben spannend gemacht. Darum ist es mein Herzensanliegen, Ihnen auf den folgenden Seiten die Aktualität dieser Verse so praktisch wie möglich zu belegen und hoffentlich so verständlich zu machen, dass es auch eine Revolution in Ihrem Leben auslöst.

Ich treffe nicht wenige Christen, die von ihrem Christsein mehr oder weniger enttäuscht sind. Es tut sich nichts in ihrem Leben. Gott erscheint unerreichbar und Christus scheint immer noch tot im Grab zu liegen. Vielleicht geht es Ihnen ebenso? Wenn ja, dann dürfen Sie wissen, dass Sie nicht der Einzige sind und dass viele Christen damit zu kämpfen haben.

Wir halten am alten Leben fest und sind nicht bereit loszulassen.

Der Grund für dieses Dilemma ist fast immer derselbe: Wir halten am alten Leben fest und sind nicht bereit loszulassen. Aber wenn wir den lebendigen Christus im Alltag erfahren möchten, dann gibt es nur eine Möglichkeit: Wir müssen, so wie Christus, unser altes Leben verlieren, bevor wir unser neues Leben finden können. Oswald Chambers fragt in seinem Andachtsbuch: »Warst du schon bei deinem weißen Begräbnis?«[33] Was heißt das und wie sieht das praktisch aus?

Mein Wille oder Gottes Wille

Im Sommer 2005 veranstalteten wir am Tauernhof, so wie jedes Jahr, eine Kletterwoche. Neben mir kümmerten sich noch fünf andere Bergführerkollegen um die etwa 40 Teilnehmer. Für mich ist das immer eine schöne, wenn auch anstrengende Zeit, da ich neben der Bergführertätigkeit auch alle Bibelarbeiten halte. In dieser Woche kam in mir wieder die alte Sehnsucht auf, Klettern zur Priorität zu machen, mir mehr Zeit zum Trainieren zu nehmen. Dann könnte ich mich wieder, so wie einige meiner Bergführerkollegen, auf diese oder jene schwere Tour einlassen.

Als ich dann jedoch einen Blick in meinen Terminkalender warf, erkannte ich, dass sich mein Wunsch nicht erfüllen würde. Denn in den vergangenen Jahren wurde meine Verantwortung als Direktor vom Tauernhof sowie die Verkündigung von Gottes Wort zur Priorität. Und auch im Jahr 2005 hatte ich mich selbst mit Reisediensten, Predigt- und Unterrichtsdiensten voll verplant. Damit blieb auf keinen Fall genug Zeit, um regelmäßig zu trainieren, geschweige denn große Klettertouren zu unternehmen. Ich wurde innerlich unzufrieden und wollte nicht einsehen, warum ich den Großteil meines Lebens damit verbringen sollte, anderen Menschen von Gott zu erzählen. Dann mischte sich noch Selbstmitleid dazu und ich sagte mir: »Eigentlich hätte ich das verdient, es steht mir doch zu und ich gönne mir ja sonst nichts.« In dieser Zeit spürte ich,

---

[33] Oswald Chambers, Mein Äußerstes für sein Höchstes, Hänssler Verlag, Holzgerlingen 1992.

wie ich plötzlich getrieben wurde von meinen Wünschen. Ich lebte nicht mehr als Berufener, sondern als Getriebener.

Nachdem ich ein paar Wochen mit Gott und mir selbst gehadert hatte, stellte Gott mir auf einem meiner Gebetsspaziergänge eine ganz grundsätzliche Frage. Er sagte: »Hans Peter, was willst du von deinem Leben? Soll mein Wille oder soll dein Wille geschehen? Möchtest du dem Herrn Jesus ähnlich werden oder möchtest du am alten Menschen festhalten?«

»Möchtest du dem Herrn Jesus ähnlich werden oder möchtest du am alten Menschen festhalten?«

Das sind harte Fragen, denn die gehen an die Substanz des Lebens. Ich überlegte lange und rang um eine Antwort. Ich wusste, was ich will. Ich, Hans Peter Royer, möchte gerne angesehen und sportlich sein, einen guten Namen haben sowohl in der christlichen Szene als auch in Bergführerkreisen, möchte beliebt sein in der Nachbarschaft und Verwandtschaft. So möchte ich gerne leben.

Während ich darüber nachdachte, kam mir der Abschnitt aus Jesaja, Kapitel 53 in den Sinn. Dort lesen wir, wie Jesus gelebt hat, welcher Berufung er nachgegangen ist, wofür er sein Leben gegeben hat.

»Er hatte keine Gestalt und keine Pracht. Und als wir ihn sahen, da hatte er kein Aussehen, dass wir Gefallen an ihm gefunden hätten. Er war verachtet und von den Menschen verlassen, ein Mann der Schmerzen und mit Leiden vertraut, wie einer, vor dem man das Gesicht verbirgt. Er war verachtet, und wir haben ihn nicht geachtet. Jedoch unsere Leiden – er hat sie getragen, und unsere Schmerzen – er hat sie auf sich geladen. Wir aber, wir hielten ihn für bestraft, von Gott geschlagen und niedergebeugt« (Jes. 53,2-4).

Der Unterschied zwischen Jesus und mir war unübersehbar:
- Ich möchte angesehen und beliebt sein, er war verachtet.

- Ich möchte sportlich und gesund sein, er war mit Leiden vertraut.
- Ich möchte erfolgreich sein, er hat unsere Schmerzen getragen.
- Ich möchte mein Leben behalten, er hat sein Leben verloren.

Und dann fragte mich Gott noch einmal: »Möchtest du wirklich Jesus ähnlich werden oder willst du lieber dein altes Leben behalten?« Während ich um eine Antwort rang, wurde mir eine Sache zutiefst bewusst. Mir bleibt nur eine einzige Alternative. Wenn ich nicht so werden will wie Jesus, wenn ich nicht bereit bin, mein altes Leben zu verlieren, dann bleibt mir nur ein anderer Weg: der Weg des Egoismus und der Selbstgefälligkeit. Und dafür will ich mein Leben nicht geben.

Wenn ich nicht so werden will wie Jesus, wenn ich nicht bereit bin, mein altes Leben zu verlieren, dann bleibt mir nur ein anderer Weg: der Weg des Egoismus und der Selbstgefälligkeit.

Und so bekannte ich ihm erneut, wenn auch mit Zittern: »Ja, Herr Jesus, ich will so werden, wie du bist. Ich kann es nicht, aber du kannst es. Leite du mein Denken, mein Reden und Handeln. Ich will. Mache mich dir ähnlich!«

Und dann geschah etwas, das immer geschieht, wenn ich dem Willen Gottes nachgebe: Ich verspürte eine Freude und einen Frieden von Gott, den diese Welt nicht kennt. Es ist fast ein Stück Paradies, denn ich bin wieder im Willen und damit im Schoße meines Vaters.

Zwei Missverständnisse

Erstes Missverständnis:

Wenn ich früher Sätze gehört oder gelesen habe wie: Man muss das alte Leben verlieren, mit Christus gekreuzigt sein, Jesus ähnlich werden, seinen Willen Gott unterordnen usw., dann klang das für mich, als müsste ich mein Leben wegwerfen, als dürfte ich nichts mehr tun, was das Leben schön, lustig und farbenfroh macht. Ich dachte, dass Gott mich missbrauchen würde, mir alles nehmen würde, was mir Freude macht, wenn ich erst mein ganzes Leben Gott ausgeliefert hätte. Sicher würde ich für den Rest meines Lebens mit ernster Miene herumlaufen müssen. Aber dieses falsche Denken war der Beweis dafür, dass ich Gott nicht gut genug kannte.

Sich Gott auszuliefern heißt nicht, das Leben wegzuwerfen. Das Gegenteil ist der Fall. Erst in der Gemeinschaft mit Gott kommt meine wirkliche Persönlichkeit zum Ausdruck, weil Gott jetzt die Freiheit hat, mich wieder seinem Bild ähnlich zu machen. Damit kann ich die Dinge dieses Lebens dankbar aus Gottes Hand empfangen und mich daran erfreuen, ohne sie zum Ziel machen zu müssen.

Der Prediger formuliert es so schön: »*Jeder Mensch, dem Gott Reichtum und Güter gegeben und den er ermächtigt hat, davon zu genießen und sein Teil zu nehmen und sich bei seiner Mühe zu freuen, das ist eine Gabe Gottes*« (Pred. 5,18).

Im Sommer 2005 habe ich sechs oder sieben schöne Klettertouren mit Freunden erlebt und ich konnte jede Tour genießen und dankbar aus Gottes Hand nehmen. Ich freue mich darüber, dass ich noch immer gesund sein darf, Sport treiben kann, Geld habe für schöne Kleidung und manch gutes Essen. All das sind Geschenke von Gott, die ich dankbar annehme und über die ich mich echt freue. Aber ich will nicht mehr von diesen Dingen getrieben sein, sondern mich von Gott immer wieder neu berufen lassen und nach seinem Willen fragen. Ich möchte so werden wie Jesus!

Zweites Missverständnis:

Manche Menschen sagen: »Ich will und werde mich nie und von niemandem abhängig machen, ich werde meinen Willen von niemandem brechen lassen!«

Nun, zum einen muss uns bewusst sein, dass wir ohnehin, ob wir es wollen oder nicht, total abhängige Wesen sind. Wir müssen trinken und essen. Es nicht zu tun bedeutet nicht Unabhängigkeit und Freiheit, sondern den Tod. Wir müssen atmen, ob es uns nun gefällt oder nicht. Und wenn Gott den Sauerstoffgehalt in der Luft auch nur geringfügig ändern würde, wären wir alle tot. Wir sind von Natur aus abhängige Wesen.

Zum anderen: Letztlich wird jeder Mensch gebrochen, die Frage ist nur, von wem. Ein egoistischer, selbstgefälliger Mensch, der glaubt, sein Leben selbst in der Hand zu halten, ist bereits ein vom Stolz entstellter und damit gebrochener Mensch. Wenn ich jedoch bereit bin, meinen Willen Gott unterzuordnen, dann hat er die Freiheit, in meinem Leben zu wirken, und kann mich von innen heraus erneuern und zum Segen setzen in dieser von Gott geliebten Welt.

> Letztlich wird jeder Mensch gebrochen, die Frage ist nur, von wem.

Mein Leben oder sein Leben

Wenn Sie nichts vom Leben des Christus spüren, wenn Ihr Glaube träge und stumpf geworden ist, dann lassen Sie mich Ihnen eine Frage stellen: Sind Sie jemals zum Kreuz gekommen mit dem Bewusstsein, dass Sie sich für ein Leben entscheiden müssen, entweder für Ihr altes, selbstbestimmtes Leben oder für ein Leben im Willen Gottes?

Diese Entscheidung kann und wird Gott Ihnen nicht abnehmen. Er wartet hier auf Ihre Antwort. Entweder Sie kommen unter das Kreuz und ergeben sich dem Willen Gottes oder Sie wenden sich vom Kreuz ab und spüren dabei, dass Sie sich mehr und mehr von Gott entfernen. Dann dürfen Sie jedoch nicht überrascht sein, wenn Sie nichts mit Gott erleben und vom Leben Jesu nichts in Ihrem Leben wahrnehmen.

Aus dieser Situation kommt dann oft die Frage: »Wo ist Gott, ich spüre nichts von ihm?!« Die Lüge, die wir nur allzu gerne glauben, ist, dass wir ein erfülltes Leben mit Gott haben können, ohne unser altes Leben dabei verlieren zu müssen.

> Die Lüge, die wir nur allzu gerne glauben, ist, dass wir ein erfülltes Leben mit Gott haben können, ohne unser altes Leben dabei verlieren zu müssen.

Gebet eines Katholiken

Vor vielen Jahren habe ich irgendwo dieses »Gebet eines Katholiken« gelesen. Ich habe es erst kürzlich wiederentdeckt und es hat mich wieder sehr angesprochen.

»Oh Jesus, der du freundlich und demütig bist, erhöre mich.
Befreie mich, Herr Jesus, vom Wunsch,
Geliebt zu werden,
Geehrt zu werden,
Bewundert zu werden,
Bevorzugt zu werden,
Um Rat gefragt zu werden,
Anerkannt zu sein.

Befreie mich, Herr Jesus, von der Angst,
Gedemütigt zu werden,
Übersehen zu werden,
Korrigiert zu werden,
Vergessen zu werden,

Belächelt zu werden,
Verdächtigt zu werden.

Und, Herr Jesus, in deiner Gnade erwecke in mir den Wunsch,
Dass andere mehr geliebt werden als ich,
Dass andere mehr respektiert werden als ich,
Dass andere bevorzugt werden und ich zurückstehe,
Dass andere geehrt werden, während ich ignoriert werde,
Dass andere ausgewählt werden, während ich übersehen werde,
Dass andere heiliger werden als ich, solange ich nur heilig genug
bin für dich.«[34]

Wie kann ich zu einem solchen Leben gelangen?

Ganz sicher nicht aus eigener Kraft oder eigenem Bemühen, sondern allein aus der Gnade Gottes. Zu einem solchen Leben brauchen wir die Kraft des Heiligen Geistes, der uns dazu befähigt, den
Willen Gottes zu erkennen und zu tun.

---

[34] Der Apostel Paulus hat es ähnlich formuliert in Philipper 2,1-4. Die Quelle des
Gebets ist leider nicht mehr ausfindig zu machen.

KAPITEL 7
Ein williger Geist

»Gott, erschaffe in mir ein reines Herz und gib mir einen neuen, aufrichtigen Geist.«
(Psalm 51,12; NLB)

Psalm 51 ist der so genannte Bußpsalm Davids, als er vor Gott trat und ihn wegen des begangenen Ehebruchs mit Batseba um Vergebung bat. Aber er bat nicht nur um Vergebung, sondern um eine neue innere Haltung Gott gegenüber. David betete: *»HERR, schenke mir einen aufrichtigen Geist!«*

In der englischen Übersetzung wird dieses Wort mit »Grant me a willing spirit«[35], also: *Schenke mir einen willigen Geist*, übersetzt.

1. Was ist ein williger Geist?

Ein williger oder aufrichtiger Geist ist ein demütiger und belehrbarer Geist, der sich dem Willen Gottes unterordnet. Er gibt freiwillig und ist großzügig. Er bringt Gottes Herz zum Lachen und macht Menschen schön und attraktiv. Der Herr Jesus hat diesen Geist während seines Erdenlebens in Vollkommenheit demonstriert, indem er stets bemüht war, den Willen seines Vaters zu tun. Und Jesus hat uns im »Vaterunser« angeleitet zu beten: *»Dein Wille geschehe«* (Mt. 6,9-13). Wenn wir wirklich wollen, dass Gottes Wille in unse-

> Wenn Sie Gott und Menschen eine Freude machen wollen, dann beten Sie um einen willigen Geist.

---

[35] New International Version (NIV).

rem Leben geschieht, dann muss unser Wille oftmals weichen. Und weil es Gott gut mit uns meint, kann uns nichts Besseres passieren, als dass sein Wille geschehe. Wenn Sie Gott und Menschen eine Freude machen wollen, dann beten Sie um einen willigen Geist.

Holz holen

Unsere drei Kinder Lucas, Lisa und Eva haben alle kleine Ämter zu Hause zu verrichten. Lucas ist inzwischen 15 Jahre alt und sein Job ist es, regelmäßig Holz für unseren Kachelofen zu holen. Im Winter kann das recht mühsam sein, denn der Weg zur Holzhütte muss vor dem Transport noch vom Schnee befreit werden. Es war nie meine Lieblingsbeschäftigung und auch Lucas platzt nicht gerade vor Begeisterung. Aber in der Regel macht er seinen Job recht gehorsam, wenn auch mit etwas Murren. Wenn Lucas gerade nicht zu Hause ist, bin ich nach wie vor der »Holzmann«.

Es ist schon vorgekommen, dass Lucas gerade nach Hause kam, als ich Holz transportierte. Als er mich sah, lief er zu mir und sagte: »Vati, ich helfe dir!« Wenn ich als Vater bei meinem eigenen Kind einen solchen willigen Geist entdecke, dann lacht mein Herz und ich weiß, dass es sich lohnt zu leben. Meine Kinder können mir keine größere Freude machen, als dass sie einen willigen Geist haben. Dreimal dürfen Sie raten, wie wir Gott die größte Freude machen. Indem wir einen willigen Geist annehmen!

Ich gebe nach

Wenn ein Mensch mit einem unwilligen Geist – und den haben wir alle – beginnt nachzugeben und sich in seiner Hilflosigkeit an Gott wendet und um einen willigen Geist bittet, dann geschieht ein Wunder. Gott erhört das Gebet und schenkt, worum dieser Mensch bittet, er macht seinen Geist willig. Eine solche Person werden Sie bald nicht mehr wiedererkennen. Er ist, um es in den Worten des Paulus zu sagen, eine neue Kreatur (2. Kor. 5,17).

Dieses »Nachgeben« geschieht zum einen immer dann, wenn ein Mensch Christ wird. Es wird ihm bewusst, dass er bis zu dem Zeitpunkt noch nie wirklich nach Gottes Willen gefragt hat, sondern sein Leben ausschließlich nach seinem eigenen Willen gestaltet hat. In diesem Bewusstsein wendet er sich nun zum ersten Mal an Gott und fragt nach seinem Willen für sein Leben, er »gibt nach«. Dann wird Gott sein Werk an diesem Menschen beginnen, weil Gott will, »*dass alle Menschen errettet werden und zur Erkenntnis der Wahrheit kommen*« (1. Tim. 2,4).

Ein Mensch, der die erstmalige Entscheidung für Jesus Christus getroffen hat, steht jetzt unter einem anderen Zeichen als bisher. Er steht auf der Seite des Siegers und kann sich auf seine Hilfe verlassen. Und die brauchen wir notwendig im alltäglichen Ringen um die rechte innere Haltung.

Denn dieses »Nachgeben« bezeichnet nicht nur den Anfang eines Christenlebens, sondern muss in der täglichen Auseinandersetzung mit dem Leben immer wieder neu eingeübt und bewusst willentlich vollzogen werden. Denn ich, von mir aus, will gar nicht immer einen willigen und aufrichtigen Geist, auch nicht als Christ. Dazu brauche ich Gottes Hilfe. Ich muss immer wieder lernen, Gott um den willigen Geist zu bitten, jene Dinge zu wollen und zu tun, die er will.

Ich muss immer wieder lernen, Gott um den willigen Geist zu bitten, jene Dinge zu wollen und zu tun, die er will.

Darum ist es so wichtig, als Christen Gemeinschaft untereinander zu haben. Der Sinn christlicher Zusammenkünfte (Kirche, Bibelkreise, Konferenzen) ist ja nicht in erster Linie, etwas Neues zu hören, sondern wir sollen uns gegenseitig ermutigen, dem Willen Gottes nachzugeben. Was der Wille Gottes für jeden Menschen ist, lesen wir im Brief an die Galater: »*Die Frucht des Geistes aber ist: Liebe, Freude, Friede, Langmut, Freundlichkeit, Güte, Treue,*

Sanftmut, Enthaltsamkeit« (Gal. 5,22). Dahin gehend müssen wir uns als Christen gegenseitig ermutigen. Paulus erinnert die Christen in Rom daran, demütig und willig zu sein, jene zu segnen, von denen sie verflucht werden, gastfreundlich zu sein, in Frieden miteinander zu leben und das Böse mit Gutem zu überwinden (Röm. 12,9-21).

Als Jesus im Garten Gethsemane im Gebet mit seinem Vater rang, sagte er zu seinen Jüngern: *»Wacht und betet, damit ihr nicht in Versuchung kommt; der Geist zwar ist willig, das Fleisch aber schwach«* (Mt. 26,41).

Der Geist ist willig, der Mensch ist schwach. Ich habe mich bei diesem Vers immer auf das »schwache Fleisch« konzentriert und dabei die gute Botschaft vom »willigen Geist« völlig übersehen. Jesus hat die Tatsache anerkannt, dass der alte Mensch unwillig ist. Aber er hat auch deutlich gemacht, dass der neue Mensch im Geist willig ist. Der Heilige Geist ist immer willig. Ich muss ihn nur gewähren lassen, muss lernen, ihm nachzugeben. Dieses Nachgeben fällt meist nicht leicht, aber es ist die einzige Möglichkeit, Jesus ähnlich zu werden, in sein Bild verwandelt zu werden. Und wann immer man es tut, erlebt man einen Frieden und eine Freiheit, wie sie nur Gott schenken kann.

> Jesus hat die Tatsache anerkannt, dass der alte Mensch unwillig ist. Aber er hat auch deutlich gemacht, dass der neue Mensch im Geist willig ist.

Vier persönliche Fragen von Gott

Kurz nachdem ich das Amt als Leiter vom Tauernhof übertragen bekam, stellte Gott mir auf einem meiner Gebetsspaziergänge vier Fragen. Es war eines der »realsten« Gebete, die ich je erlebte. Damit meine ich, dass ich 100 %ig genau wusste, dass hier Gott mit mir redete. Manchmal bin ich mir nicht sicher, ob ich nun Gott oder nur mein Unterbewusstsein höre, aber in diesem Fall gab es keinen Zweifel.[36] Es waren die schwierigsten Fragen, die Gott mir in meinem Leben bis heute gestellt hat.

In der ersten Frage ging es darum, ob ich bereit wäre, Österreich zu verlassen, um Gott in einem anderen Land zu dienen. Ich stellte mir vor, wie wir unser Haus vermieten oder verkaufen, alles zusammenpacken und unsere Erdenheimat in meinen Bergen nie mehr wiedersehen würden. Es fiel mir nicht leicht, diese Frage mit »Ja« zu beantworten, denn ich liebe meine Leute und die Berge. Aber nach einigem Ringen gab ich nach und sagte zu Gott: »Okay.«

Die zweite Frage war viel, viel schwieriger. Gott fragte mich, ob ich bereit wäre, meine Familie für Gott aufzugeben und ihm den Rest dieses Lebens als Single zu dienen. Ich stellte mir vor, dass Hannelore und die damals zwei Kinder einen Autounfall hätten und ich keinen von ihnen mehr vorfände, wenn ich nach Hause käme. Ich sagte zu Gott: »Herr, das ist das Letzte, was ich mir gewünscht hätte, das Letzte, das ich mir für mein Leben vorgestellt hätte. Ich weiß, dass sie es bei dir viel besser haben als bei mir, und ich weiß auch, dass wir eines Tages bei dir vereint sein werden.« Aber nach langem Beten und Nachdenken gab ich schließlich nach und übergab meine Familie ganz und gar in Gottes gute Hände. Die dritte Frage war ähnlich schwierig. Gott fragte mich, ob ich bereit wäre, meine Gesundheit für ihn aufzugeben und den Rest meines Lebens im Rollstuhl zu verbringen. Das war schwer! Ich kenne ein paar liebe Freunde, die im Rollstuhl sitzen, und habe mit angesehen, was das bedeutet. Wiederum antwortete ich:

»Vater, ich kann mir das nicht vorstellen und es ist das Letzte, das ich mir für mein Leben gewünscht hätte.« Aber Gott schwieg, bis ich auch bei dieser Frage an den Punkt kam, wo ich nachgab und meine Gesundheit in seine Hände legte.

---

[36] Mehr zum Thema »Wie höre ich Gottes Stimme?« in meinem Buch: Nach dem Amen bete weiter, Hänssler Verlag, Holzgerlingen.

Dann kam noch eine vierte Frage, die mich rückblickend immer wieder überrascht. Es muss eine hypothetische Frage gewesen sein, aber damals war sie für mich genauso real wie die ersten drei. Gott fragte mich: »Hans Peter, wie wäre es, wenn ich mich selbst, den Herrn Jesus, aus deinem Leben wegnehmen würde?« Und auf diese Frage konnte ich augenblicklich antworten und sagte zu Gott: »Vater, du kannst mir alles nehmen. Mein Land, meine Karriere, meine Familie, meine Gesundheit, selbst meinen Körper. Aber du kannst mir nicht dich selbst wegnehmen. Denn du bist mein Leben!«

Ein williger Geist macht frei

Nach diesem Gebet verstand ich zum ersten Mal, was Paulus in Philipper 1,21 gesagt hat: »*Denn das Leben ist für mich Christus und das Sterben Gewinn!*« Ich spürte in diesem Augenblick, dass ich wirklich frei bin. Ich wusste, dass ich alles verlieren kann, was es in dieser Welt zu verlieren gibt, aber dass ich *eines* nie verlieren werde – *mein Leben*. Denn mein Leben, das ist Christus, und nur er ist mein Friede. Bei ihm werde ich für immer sein. Darum hat Jesus gesagt: »*Wenn nun der Sohn euch frei machen wird, so werdet ihr wirklich frei sein!*« (Joh. 8,36). Und diese Freiheit will ich für den Rest meines Lebens nicht mehr verlieren.

Es gibt nur eine Möglichkeit, diese Freiheit zu bewahren – ich muss täglich neu bereit sein nachzugeben, indem ich täglich meinen Willen dem Willen Gottes unterordne. Das setzt voraus, dass ich nach Gottes Willen frage und ihn kenne. Ich bin Gott sehr dankbar für dieses Erlebnis, aber ich kann mich keinen Tag auf diesem Erlebnis ausruhen. Mein Gehorsam gestern ist keine Garantie dafür, dass ich auch heute gehorsam bin. Und wenn ich heute einen willigen Geist habe, ist das keine Garantie dafür, dass das auch morgen wieder der Fall sein wird.

Noch eine abschließende Bemerkung zu diesem Gebet: Ich wohne bis heute in unserer Frühstückspension »Waldschlössl« in Österreich und unsere drei Kinder Lucas, Lisa und Eva-Maria wachsen heran und freuen sich des Lebens. Hannelore und ich sind nach wie vor glücklich vereint und jeden Tag dankbar für unsere Gesundheit und die vielen Möglichkeiten zum Dienst. So wie es nie die Absicht Gottes war, dass Abraham seinen Sohn Isaak tatsächlich töten sollte, so war es unter Umständen auch nicht Gottes Absicht, mir all die genannten Dinge zu nehmen. Aber Gott will wissen, ob wir ihm vertrauen und ob wir willig sind, ihm und seinem Willen nachzugeben.

> Gott will wissen, ob wir ihm vertrauen und ob wir willig sind, ihm und seinem Willen nachzugeben.

Genau das hat der Herr Jesus gemeint, als er sprach: »*Wer Vater oder Mutter mehr liebt als mich, ist meiner nicht würdig; und wer Sohn oder Tochter mehr liebt als mich, ist meiner nicht würdig; und wer nicht sein Kreuz aufnimmt und mir nachfolgt, ist meiner nicht würdig. Wer sein Leben findet, wird es verlieren, und wer sein Leben verliert um meinetwillen, wird es finden*« (Mt.10,37-39).

2. Der willige Geist »begeistert« Menschen

Es ist weder schwer noch schmerzvoll, mit einem willigen Geist zu leben, denn Gott bewirkt beides, das Wollen und das Vollbringen. Paulus schreibt an die Christen in Philippi: »*Denn Gott ist es, der in euch wirkt sowohl das Wollen als auch das Wirken zu seinem Wohlgefallen*« (Phil. 2,13).

Als die Israeliten unter der Führung von Mose die Stiftshütte bauten, lesen wir: »*Dann kamen sie, jeder, den sein Herz willig machte. Und jeder, dessen Geist ihn antrieb, brachte das Hebopfer des HERRN zur Arbeit am Zelt der Begegnung*« (2. Mose. 35,21).

Wenn wir um einen willigen Geist bitten, dann werden wir vom Geist angetrieben, das zu tun, was dem Willen Gottes entspricht. Denn wie Jesus im Garten Gethsemane sagte, »der Geist ist willig« und befähigt uns, das zu tun, was wir aus eigener Kraft nicht tun können.

Der willige Geist befähigt uns, in der Gegenwart zu leben

Der willige Geist erfreut nicht nur das Herz Gottes, sondern befreit uns dazu, ein Segen zu werden für die Menschen, mit denen wir leben. Ich bin etwa drei Monate pro Jahr im Reisedienst in vielen Ländern und den unterschiedlichsten Denominationen. Ich mache es gerne und bin sehr dankbar für den Dienst. Aber manchmal wenn ich weit weg von zu Hause bin, beginne ich die Tage zu zählen, bis ich wieder ins Flugzeug steigen kann. Wenn ich mich dabei ertappe, bete ich unverzüglich um einen willigen Geist, damit ich mit meinen Gedanken ganz und gar an dem geografischen Ort bin, wo ich mich gerade befinde. Denn wenn ich geografisch in den USA bin, mit meinen Gedanken jedoch zu Hause, kann ich zwar meine Vorträge halten, aber ich bin kein Segen für die Menschen vor Ort.

Denn ich bin ja gedanklich gar nicht dort und deshalb nicht in der Lage, ihre Anliegen, Nöte und Wünsche zu hören und darauf einzugehen. Ein williger Geist befähigt mich, in der Gegenwart zu leben und auf die Person einzugehen, die gerade vor mir steht. Das funktioniert tatsächlich! Manchmal bin ich selbst überrascht, welche Liebe ich für Menschen empfinde. Und ich weiß, dass diese Liebe nicht von mir kommt, sondern von

Manchmal bin ich selbst überrascht, welche Liebe ich für Menschen empfinde. Und ich weiß, dass diese Liebe nicht von mir kommt, sondern von einem willigen, dem Heiligen Geist.

einem willigen, dem Heiligen Geist. Darum begeistert mich der willige Geist so sehr.

Der willige Geist ist ein aktiver Geist

Man mag den Eindruck bekommen, dass ein williger Geist ein passiver oder sogar zerbrochener Geist ist, ein Mensch, der zu allem »Ja« sagt, der immer nur nachgibt und keine eigene Meinung vertritt. Aber das ist nicht korrekt.

Ein williger Geist ist ein aktiver Geist, welcher für die Wahrheit eintritt, der für Gerechtigkeit kämpft und der gegen alles kämpft, was nicht von Gott kommt. Ein Leben als Christ ist ein guter Kampf. Seit meiner Kindheit habe ich gerne gekämpft und war in meiner Jugendzeit für sieben Jahre im Ringerteam. Darum hängt in unserer Küche der Bibelvers: »*Kämpfe den guten Kampf des Glaubens!*« (1. Tim. 6,12).

Ein williger Geist ist ein kämpfender Geist. Aber was mich dabei so begeistert, ist, dass, wenn ich mit einem willigen Geist kämpfe, ich nicht aus eigener Kraft kämpfen muss, sondern mit der Kraft Gottes kämpfen kann. Und damit komme ich zu meinem Lieblingsvers aus dem Alten Testament. Als Mose die Israeliten aus Ägypten herausführte, landete er in einer Falle. Vor ihm erstreckte sich das Meer, hinter ihm war der Pharao mit seinen Truppen. Und in dieser, menschlich gesehen, aussichtslosen Situation sagte Mose zu den Israeliten, denen die Angst in den Augen stand: »*Der HERR wird für euch kämpfen, ihr aber werdet still sein!*« (2. Mose 14,14).

> Was mich dabei so begeistert, ist, dass, wenn ich mit einem willigen Geist kämpfe, ich nicht aus eigener Kraft kämpfen muss, sondern mit der Kraft Gottes kämpfen kann.

Ein unwilliger Geist wird auch kämpfen. Er kämpft um seine eigenen Rechte, er kämpft, um das zu bekommen, was ihm vermeintlich zusteht. Aber es besteht ein riesengroßer Unterschied: Der unwillige Geist muss aus eigener Kraft kämpfen. Gott wird nicht für ihn kämpfen. Und das zermürbt, weil die eigene Kraft nicht bis zum Ende reicht. Wenn er dann trotz aller eigener Anstrengung nicht das bekommt, was er will, reagiert er mit Zorn oder zieht sich zurück. Solche Personen werden oft zynisch und kritisch-negativ und vermeiden den Kontakt mit anderen Christen. Es ist schwer, mit solchen Menschen zu leben, weil sich ihr Herz zunehmend verhärtet. Christen mit einem willigen Geist hingegen werden immer offener, barmherziger und verbreiten einen Segen, wo immer sie sind.

Das verborgene Werk Gottes

Andere Menschen erkennen sehr wohl, wenn Sie willig sind und geistlich reifen. Sie selbst jedoch werden es nicht erkennen und Sie sollten es auch nicht. Jener Mensch ist am geistlichsten, der nicht über seine eigene Geistlichkeit nachdenkt.

Denn er ist ganz und gar auf den Herrn Jesus konzentriert. Ein Mensch, der seine eigene Geistlichkeit entdecken will, ist wie ein Mann, der ein Samenkorn in die Erde legt und jeden Tag nachschaut, ob der Same schon aufgegangen ist. Diese falsche Neugierde verhindert, dass das Samenkorn stirbt, damit die Frucht reifen kann.

> Jener Mensch ist am geistlichsten, der nicht über seine eigene Geistlichkeit nachdenkt.

Es ist Gottes verborgenes Werk am Gläubigen, welches ihn reifen lässt. Dazu möchte ich das wunderbare Gleichnis vom Samenkorn zitieren. Jesus sprach: »*Mit dem Reich Gottes ist es so, wie wenn ein Mensch den Samen auf das Land wirft und schläft und aufsteht, Nacht und Tag, und der Same sprießt hervor und wächst, er weiß selbst nicht, wie. Die Erde bringt von selbst Frucht hervor, zuerst Gras, dann eine Ähre, dann vollen Weizen in der Ähre*« (Mk. 4,26-28).

In diesem Gleichnis beschreibt Jesus das geistliche Leben eines Menschen. Wenn wir bereit sind, wie ein Samenkorn ausgesät zu werden und zu »sterben«, d. h. den Willen Gottes über unseren eigenen Willen stellen, dann geschieht ein Wunder in unserem Leben. Es entsteht Frucht! Wir selbst wissen nicht, wie es geschieht, denn es geschieht ganz von selbst. Wenn wir nur willig sind, hat Christus die Freiheit, in und durch unser Leben zu wirken und zu segnen.

3. Hindernisse auf dem Weg zum willigen Geist

Wenn ein williger Geist eigentlich nur Vorteile hat, dann wäre es doch logisch, dass jeder Mensch begeistert darum bittet und danach trachtet. Das ist aber leider nicht der Fall im wirklichen Leben, denn der alte Mensch in uns hasst den willigen Geist.

Es besteht ein steter Konflikt zwischen dem natürlichen Menschen (dem Fleisch) und dem neuen Menschen (dem Geist). Der Geist ist willig, das Fleisch nicht. Und Gott, welcher Geist ist, wird uns nicht gegen unseren Vorsatz willig machen. Gott vollbringt zwar das »Wollen« in uns, er zieht uns und ermutigt uns nachzugeben, aber er vergewaltigt uns nicht, denn Gott ist ein Gentleman. Paulus schreibt an die Galater: *»Wandelt im Geist, und ihr werdet die Begierde des Fleisches nicht erfüllen. Denn das Fleisch begehrt gegen den Geist auf, der Geist aber gegen das Fleisch; denn diese sind einander entgegengesetzt, damit ihr nicht das tut, was ihr wollt«* (Gal. 5,16-17).

Ein Mensch, in dem der Heilige Geist wohnt, will eigentlich willig sein, weil der Geist willig ist. Aber der alte Mensch will es nicht, sondern fordert seine Rechte und kämpft um seinen eigenen Vorteil. Er hält an alten Gewohnheiten fest und rechtfertigt sein

Gott vollbringt zwar das »Wollen« in uns, er zieht uns und ermutigt uns nachzugeben, aber er vergewaltigt uns nicht, denn Gott ist ein Gentleman.

Handeln. Die Wurzel dieses Aufbegehrens liegt übrigens meistens im Stolz begraben.

Ich will nicht willig sein

Am deutlichsten kommt dieser innere Konflikt auf der Beziehungsebene zum Vorschein. Wenn ich und Hannelore wieder einmal gestritten haben, dann ist es meistens recht ruhig zu Hause. Es wird nur das Notwendigste gesprochen, wirklich nur das Notwendigste. Ich bin überzeugt, dass sie an allem schuld ist, und sie weiß genau, dass das Problem an mir liegt. Also wartet man eben, bis der andere sein Problem einsieht, sich demütigt und um Verzeihung bittet. Aber das geschieht nicht, weil jeder auf den anderen wartet.

Dummerweise bin ich der Mann und somit das Haupt der Familie. Damit habe ich die erste Verantwortung, für das Wohl meiner Familie zu sorgen und etwas zu unternehmen, wenn der Hausfrieden schiefhängt. Und Gott erinnert mich jedes Mal daran, dass ich eigentlich der Erste sein sollte, der sich demütigt, der nachgeben soll. Und obwohl ich genau weiß, dass es meine Verantwortung ist und dass es uns allen besser gehen würde, wenn ich nachgebe, bringe ich die paar Worte – »Es tut mir leid« – nicht über die Lippen. Da begehrt etwas in mir auf. Nun, was muss ich in so einer Situation tun? Ich muss um einen willigen Geist bitten. Sobald ich das getan habe, fällt es mir gar nicht mehr so schwer, zu meiner Frau zu gehen und ihr zu sagen, dass es mir leidtut. Es fällt mir jedoch sehr schwer, Gott um diesen Geist zu bitten.[37]

Auch Martin Luther hatte damit zu kämpfen. Er beschrieb dieses Ringen um einen willigen Geist mit folgenden Worten: »Siehe, mein Herr Christus, da hat mir mein Nächster Schaden zugefügt. Er hat mich in meiner Ehre gekränkt. Das kann ich nicht ertragen.

---

[37] Paulus beschreibt diesen Konflikt sehr ausführlich im Römerbrief 7,14-25.

Eigentlich sollte ich ihm verzeihen, aber ich kann es leider nicht. Da stehe ich nun. Mach du mich anders. Dann kann ich nach deinem Willen und deiner verzeihenden Liebe handeln.«

Angst vor einem willigen Geist

Manchmal haben wir auch Angst, um einen willigen Geist zu bitten. Denn dann, so denken wir, werden wir Dinge tun müssen, die wir nie tun wollten. Dann werde ich meine Bibel jeden Tag lesen, obwohl ich keine Zeit habe, ich werde Menschen lieben, die ich nicht leiden kann, ich werde Geld spenden, obwohl ich selbst zu wenig habe, und ich werde dem Typen vergeben, der mich andauernd ausnützt usw.

So dachte ich und hatte regelrecht Angst vor einem willigen Geist. Ich hatte Angst, dass Gott mich ausnützen und missbrauchen wird, wenn ich immer nachgebe. Als junger Christ war ich fast überzeugt davon, dass, wenn ich Gott alle Entscheidungen meines Lebens überlasse, er mir die Frau gibt, die mir überhaupt nicht gefällt, und er mein bisschen Geld an Missionare verschwendet, sodass ich auf der Straße lande. Wissen Sie, warum ich so gedacht habe? Weil ich Gott nicht gut kannte!

Ein williger Geist wird uns nicht dahin treiben, gewisse Dinge zu tun, sondern er treibt uns in die Gegenwart von Jesus, in die liebevolle und zärtliche Gemeinschaft mit ihm. Und in dieser Zweisamkeit hat Gott nun die Möglichkeit, unser Denken zu erneuern, damit wir lernen, recht und gottgemäß zu denken.

Aus diesem Grund habe ich mir, gemeinsam mit Hannelore, den Bibelvers aus Römer 12,2 als meinen Hochzeitsvers ausgesucht.[38] *»Seid nicht gleichförmig dieser Welt, sondern werdet verwandelt durch die Erneuerung des Sinnes (Denkens), dass ihr prüfen mögt, was der Wille Gottes ist: das Gute und Wohlgefällige und Vollkommene.«*

Erst wenn Gott unser Denken erneuert, werden wir zunehmend erkennen, dass sein Wille immer gut, wohlgefällig und vollkommen ist. Wir lernen dabei auch die Dinge dieser Welt recht zu verstehen und zu interpretieren. Die biblische Definition von Weisheit ist, Dinge so zu sehen, wie Gott sie sieht. Ein Mensch ist dann weise, wenn er jeden Umstand des Lebens mit den Augen Gottes sehen kann. Aber um das so sehen zu können, muss Gott unser Denken erneuern.

Halbherzig willig

Unser Herz ist, wie die Bibel sagt, ein trügerisches Ding (Jer. 17,9). Wir mögen von uns selbst glauben, dass wir mit ganzem und willigem Herzen gegen die Sünde kämpfen, tun es aber nur halbherzig. Wir erkennen, dass wir stolz und selbstsüchtig handeln, und kämpfen gegen unsere eigene Selbstsucht, aber es macht uns nichts aus, wenn wir den Kampf verlieren. Wir beten um einen willigen Geist, aber hoffen gleichzeitig, ihn nicht zu bekommen.

Manchmal wenn ich im Streit mit Hannelore bin, bitte ich um einen willigen Geist, aber gleichzeitig will ich ihn nicht wirklich. Denn sie hat mich zu sehr verletzt und sie verdient es jetzt, mit meinem Schweigen »bestraft« zu werden. Die Psyche, das Herz des Menschen, ist tatsächlich unergründlich und nur Gott kennt sich damit aus.

---

[38] Ich habe für Hannelore den Vers aus Philipper 1,6 ausgesucht.

Ein lieber Bruder von mir möchte schon seit Jahren gerne mit dem Rauchen aufhören. Aber er raucht bis zum heutigen Tag, denn insgeheim will er nicht damit aufhören. Er sucht zwar Gespräche, liest Bücher, macht immer wieder neue Anläufe, um die Zigarette endlich loszuwerden, aber er hofft insgeheim, dass nichts von dem wirklich greift. Er kämpft, aber er will nicht gewinnen.

Der Preis für einen unwilligen Geist

In Zeiten, wo ich mich gegen einen willigen Geist sträube, erinnere ich mich selbst an die einzige Alternative und den Preis, den ich für meinen unwilligen Geist bezahle. Wenn ich nämlich nicht willig bin, meine Zeit für andere Menschen zu opfern, habe ich tatsächlich mehr Zeit für mich selbst, für meinen Sport, Freizeit, Einkaufen und Urlaub. Aber ich als Person werde dabei zunehmend selbstsüchtig und egoistisch. Wenn ich unwillig bin, mein Geld zu geben für Menschen, die weniger haben als ich, kann ich tatsächlich mehr Geld für meine Bedürfnisse und Wünsche ausgeben, aber ich selbst entwickle mich dabei zunehmend zu einem geizigen und kleinlichen Menschen. Gott ist nicht in der Lage, mich in das Bild seines Sohnes zu verwandeln, ich werde Jesus nicht ähnlich werden.

Das ist der Preis, den ein Mensch für seinen unwilligen Geist bezahlt. Er wird immer unattraktiver, denn Selbstsucht und Geiz entstellen eine Persönlichkeit und machen sie hässlich. Äußerlich mag ein solcher Mensch recht attraktiv sein, wenn man ihn jedoch kennenlernt, kommt die große Enttäuschung. Und es fehlt einem unwilligen Menschen das wahrscheinlich wertvollste Gut dieses Menschenlebens – der Friede Gottes im Herzen. Darum sagt Jesus ganz klar: »*Wer sein Leben findet, wird es verlieren, und wer sein Leben verliert um meinetwillen, wird es finden*« (Mt.10,39).

Das ist der Preis, den ein Mensch für seinen unwilligen Geist bezahlt. Er wird immer unattraktiver, denn Selbstsucht und Geiz entstellen eine Persönlichkeit und machen sie hässlich.

4. Missverständnisse über den willigen Geist

Wenn man den Gedanken des willigen Geistes weiterspinnt, dann könnte man den Eindruck gewinnen, dass ein Christ mit einem willigen Geist nie sündigt, keine Fehler macht und sein Handeln stets vollkommen dem Willen Gottes entspricht. Wenn ich meinen Willen ständig dem Willen Gottes unterwerfe, mich ihm ergebe, dann müsste ich doch eigentlich perfekt leben. Dem ist aber nicht so!

Sündigt ein williger Geist?

Im Tauernhof haben wir internationale Kurzbibelschulen mit jeweils ca. 70 Studenten aus etwa zehn verschiedenen Ländern. Viele dieser Studenten zeigen einen überaus willigen Geist, aber nicht alle. Was ist nun der Unterschied im Verhalten eines Studenten mit einem willigen Geist und dem mit einem unwilligen Geist? Beide brechen so manche Regel und beide sind beizeiten ungehorsam. Und doch ist da ein großer Unterschied.

Um 23.30 Uhr ist bei uns Bettruhe angesagt. Um Mitternacht jedoch fassen zwei Studenten, ein »williger« und ein »unwilliger«, den Beschluss, die Nacht etwas zu verlängern. Sie klettern aus dem Fenster und besuchen eine Bar in Schladming. Ich erfahre solche Aktionen (leider) jedes Mal, weil mich am nächsten Tag ein paar Einheimische fragen, ob wir in diesem Jahrgang die Hausregeln geändert hätten. Ich kann solche »Nachtaktionen« voll verstehen, weil ich als 18-Jähriger dasselbe gemacht habe. Dennoch muss ich die zwei Studenten am nächsten Tag fragen, warum sie so spät noch in der Bar waren, wo sie doch die Hausregeln kennen, welche sie eigenhändig unterschrieben haben. Jetzt kommt die Enthüllung. Der »Unwillige« versucht, sein Handeln zu rechtfertigen, indem er mir erklärt, dass er mit 18 Jahren schon erwachsen sei, dass der Unterricht in dieser Woche langweilig war und dass er diese Regel sowieso nicht verstehe. Der »Willige« hingegen, der genau dieselbe »Sünde« begangen hat wie der »Unwillige«, erkennt seinen

Ungehorsam an und sagt: »Es tut mir leid, es war nicht recht von mir und ich will mich bemühen, in Zukunft die paar Regeln zu respektieren.«

Ein williger Geist ist kein perfekter Geist, jedoch aufrichtig und belehrbar.

Keine Angst vor Fehlern

Wir müssen als Kinder Gottes nie Angst davor haben, Fehler zu machen. Damit hat Gott kein Problem. Mein erster Beruf war Kfz-Mechaniker und darum repariere ich bis heute unser Familienauto selber. Ich erinnere mich gerne daran, wie Lucas als Sechsjähriger mit einem Schraubenzieher bewaffnet zu mir kam und sich anbot, gemeinsam mit mir das Auto zu reparieren. Obwohl ich wusste, dass er, objektiv betrachtet, überhaupt keine Hilfe sein kann und ich letzten Endes mehr zu reparieren haben würde als zu Beginn, habe ich seine Hilfe liebend gerne in Anspruch genommen (außer ich war in Eile!). Denn sein williger Geist und seine Begeisterung waren für mich von viel größerem Wert als nur handwerkliche Hilfe.

Genauso ist es mit uns und Gott. Wenn ich mir Petrus ansehe, der dreimal behauptet hat, Jesus nicht zu kennen, wenn ich an Johannes und Jakobus denke, die im Himmelreich zur Rechten und zur Linken von Jesus sitzen wollten und die Jesus ermutigten, Feuer vom Himmel zu senden, um jene Menschen zu verbrennen, die ihn nicht aufnahmen, wenn ich an Philippus denke, der den Vater in Jesus nicht erkannte, wenn ich an die Geschichte vom Verlorenen Sohn denke, der alles Geld vom Vater verschwendete[39], dann glaube ich, sagen zu dürfen, dass Gott viel mehr Versagen und Fehler von mir erwartet als ich von mir selbst.

---

[39] Mt. 26,69-75; Mk. 10,35-37; Lk. 9,51-56; Joh. 14,8; Lk. 15,11-32.

Scheue dich nie vor einem Dienst, nur weil du glaubst, Fehler zu machen oder es nicht perfekt zu können. Ein lieber Freund sagte mal: »Wenn etwas wert ist, gemacht zu werden, dann ist es auch wert, schlecht gemacht zu werden!« Gott ist absolut in der Lage, unsere Fehler zu korrigieren und zusätzlichen Schaden auszumerzen.

> Gott hat keine Probleme mit unseren Fehlern, aber er hat ein Problem mit einem unwilligen Geist. Darum sollten wir mehr Angst haben vor einem unwilligen Geist als vor unseren Schwächen und Fehlern.

Gott hat keine Probleme mit unseren Fehlern, aber er hat ein Problem mit einem unwilligen Geist. Darum sollten wir mehr Angst haben vor einem unwilligen Geist als vor unseren Schwächen und Fehlern.

Fühlt sich ein williger Geist »geistlich«?

Wann immer ich bereit bin, meinen Willen dem Willen Gottes unterzuordnen, trage ich zwar einen Frieden in meinem Herzen, aber ich fühle mich nicht irgendwie geistlicher. Das heißt, ich spüre eigentlich nie, dass ich eine höhere Heiligungsstufe erlangt hätte oder dass ich immun geworden wäre für die Versuchungen dieser Welt.

Vor Jahren hat mich das irritiert, denn ich hoffte, in meinem Leben als Christ weiterzukommen, ein besseres Zeugnis für Gott und ein größerer Segen für die Menschen zu werden. Und meine Vorstellung war, dass ich diesen Reifungsprozess selber an meinem Leben erkennen und spüren müsste. Interessanterweise höre ich von anderen Menschen ab und zu, wie sehr ich mich geändert habe und dass Gott ein gutes Werk in mir vollbringt. Aber ich selber merke nichts davon. Meist fühle ich mich völlig unzureichend für die Aufgaben, die Gott mir gibt, ich glaube zu versagen, was meine zwischenmenschlichen Beziehungen anbelangt, und bin traurig über mein seichtes, oberflächliches Gebetsleben. Und nicht selten frage ich mich, wie Gott einen solchen Versager gebrauchen kann.

Vor Jahren hat mir ein lieber Freund, der inzwischen verstorben ist, etwas sehr Wertvolles mitgeteilt. Er sagte: »Hans Peter, ich hoffe, dass du dich in deinem ganzen Leben nie geistlich fühlst. Denn wenn du glaubst, es geschafft zu haben, wirst du nur eingebildet und bleibst nicht mehr abhängig von Jesus!«

So habe ich inzwischen gelernt, für meine Unzulänglichkeiten dankbar zu sein, denn sie treiben mich jeden Tag zu meinem Herrn Jesus. Ich weiß, wie sehr ich ihn brauche. Nichts hält mich näher bei Gott als das Gefühl der eigenen Schwachheit. Darum hat Paulus gesagt: »*Wenn ich schwach bin, dann bin ich stark!*« (2. Kor. 12,10).

Dein Wille geschehe

Vor Kurzem bekam ich von einer Teilnehmerin unseres Hausbibelkreises dieses Gebet in die Hand gedrückt. Es beschreibt sehr eindrücklich den Kampf zwischen dem Wollen einerseits und der Angst davor andererseits. Das Gebet war überschrieben mit den Worten »Die schwerste Bitte«.

»Dein Wille geschehe!« So sprach ich auch gern,
Als Not und Trübsal und Sorge fern.
Dann kamen Stunden, so bang und so schwer,
Da wollt' es kaum über die Lippen, oh Herr.
Wenn das Herze blutet, die Seele weint,
Wenn der helle Tag uns wie Nacht erscheint,
Dann, dann ist es so unsagbar schwer,
Zu sprechen: »Dein Wille geschehe, oh Herr!«

Dann möcht ich rufen: »Herr, muss es denn sein?
Nur das nicht, nur das nicht, oh Vater mein!«
Und das Herze sträubt sich, den Weg zu gehn;
Es kann den Allmächtigen nicht verstehn,

Und es ruft wohl in all dem Schmerz und der Pein:
»Mein Gott, mein Gott! Soll das Liebe sein?«

Und wieder und wieder: »Oh Vater, vergib,
Vergib meine Zweifel, du hast mich doch lieb.«
Verzehrt sich mein Herz auch in Weh und Pein,
Muss dennoch dein Weg der rechte sein.
Dein Wille geschieht zwar, wenn ich's auch nicht will,
Doch macht dieses Wissen das Herz mir nicht still.

Herr, lehr du mich rufen von Herzensgrund,
Dass ich sprech mit dem Herzen, nicht nur mit dem Mund:
»Dein Wille geschehe! Nicht, wie ich will!«
Nur so wird es in mir allmählich still.

Herr, wende mein Herz ganz ab von der Welt,
Und führe du mich, wie es dir gefällt.
Sind rau auch die Wege und dornenvoll,
Ich weiß, du führest mich dennoch wohl.

Dies soll meine tägliche Bitte sein:
»Dass ich nichts mehr begehre als dich Herr allein.«
Dein Wille gescheh', wenn die Sonne lacht,
Dein Wille gescheh' in Trübsalsnacht,
Dein Wille gescheh' jetzt und ewiglich,
So nimm mein Herz und Hände und führe mich!

Wenn ich auch das Ziel deiner Wege nicht seh,
Du führst mich doch wohl, Herr, dein Wille gescheh'![40]

---

[40]   Gefunden im Internet, leider ohne Quellenangabe.

Die persönliche Frage

König David bat Gott um einen willigen Geist und darum wird er in der Bibel beschrieben als »*ein Mann nach Gottes eigenem Herzen*«. Wenn Sie und ich ein Mensch nach Gottes eigenem Herzen sein wollen, dann müssen wir nach seinem Willen fragen und um einen willigen Geist beten: »HERR, dein Wille geschehe.«

Sind Sie bereit, Gott nachzugeben und um einen willigen Geist zu beten, wenn auch mit Zittern und Zagen? Es kann Ihnen nichts Besseres passieren! Denn ein williger Geist ist ein dankbarer und attraktiver Geist.

KAPITEL 8
Ein dankbarer Geist

Wenn die Bibel darüber spricht, dass wir wie ein Weizenkorn sterben müssen, um zu leben, dann klingt das sehr theoretisch. Dem einen oder anderen erscheint vielleicht auch der willige Geist wenig praktikabel. Es bleibt ein Konzept in der theologischen Welt ohne Relevanz für unser normales Leben hier und heute.

Im Jahr 1989 besuchten meine Frau und ich für drei Monate eine Bibelschule in England, das älteste Fackelträgerzentrum Capernwray Hall. Es war für mich sicherlich eine der prägendsten Zeiten meines Lebens und ich kann von Herzen nur jeden Christen ermutigen, sich eine solche »Auszeit« zu nehmen, um das Wort Gottes einmal genauer zu lesen und studieren.

Viele der Vortragenden sprachen darüber, dass wir unser altes Leben verlieren müssten, um das neue Leben in Christus zu erlangen. Das machte für mich im Prinzip auch Sinn, aber ich war zunehmend frustriert, dass ich nicht wusste, wie ich diese Wahrheit in meinem Leben praktisch umsetzen kann. Ich sagte mir:

»Wenn mir noch ein weiterer Lehrer aus der Bibel erklärt, dass ich sterben muss, damit das Leben von Jesus in mir zum Ausdruck kommen kann, und er erklärt mir nicht, wie das praktisch funktioniert, dann bringe ich ihn um!«

Ich fragte einen Lehrer: »Wie funktioniert das Ganze nun im Alltag?« Als Antwort bekam ich: »Die Frage heißt nicht, wie es funktioniert, sondern wer macht, dass es funktioniert.« Dann kam meine zweite Frage: »Dann sag mir, wie macht dieser Wer, dass es funktioniert!«

Nun, den Praktikern unter uns mit ähnlichen Fragen ist dieses Kapitel gewidmet. Sie stimmen eventuell allem, was ich bis jetzt geschrieben habe, zu, aber es ist für sie (noch) nicht greifbar. Wie kann ich einen willigen Geist nun tatsächlich im Leben praktizieren? Ich möchte Ihnen hier einen »Schlüssel« geben, der mein Leben wahrscheinlich mehr verändert hat als viele andere Erkenntnisse.

Es hat mit *Dankbarkeit* zu tun. Ein williger Geist kommt nämlich durch einen dankbaren Geist zum Ausdruck. Paulus schreibt an die Thessalonicher:

> »*Sagt in allem Dank, denn dies ist der Wille Gottes in Christus Jesus für euch.*«
> (1. Thess. 5,18)

Danken und Denken

Warum ist Danken so wichtig? Wir haben bereits besprochen, dass Gott uns verwandelt, indem er unser Denken ändert. Als Christen sollten wir lernen, so zu denken, wie Gott denkt. Nur dann werden wir auch so handeln, wie Gott handelt. Das Denken in unserer Gesellschaft ist geprägt vom Hedonismus und Materialismus. Gott jedoch denkt anders, sehr viel anders als die Welt. Und wenn wir die Werte und den Charakter Gottes in dieser Welt widerspiegeln wollen, dann muss Gott unser Denken verändern und prägen.

Es besteht nämlich ein direkter Zusammenhang zwischen Danken und unserem Denken.

Aber wie kann Gott das tun? Er kann es tun, wenn wir bereit sind, ihm zu danken! Es besteht nämlich ein direkter Zusammenhang zwischen Danken und unserem Denken.

Im Brief an die Römer lesen wir: »... *weil sie Gott kannten, ihn aber weder als Gott verherrlichten noch ihm Dank darbrachten, sondern in ihren Überlegungen (oder Denken) in Torheit verfielen und ihr unverständiges Herz verfinstert wurde. Indem sie sich für Weise ausgaben, sind sie zu Narren geworden*« (Röm.1,21+22).

Weil sie Gott nicht dankten, wurde ihr Denken verfinstert. Wenn wir Gott nicht den gebührenden Dank darbringen, werden wir blind für die Wahrheit und beginnen, falsch zu denken.

Als ein Kind Gottes habe ich vor einigen Jahren einen Entschluss gefasst: Ich habe mich entschlossen, Gott für alles, überall und zu jeder Zeit zu danken. Es gelingt mir nicht jeden Tag, aber ich habe mich entschlossen, mich jeden Tag neu darin zu üben. Und das aus drei Gründen:

- Erstens weil ich im Wort Gottes und in meinem Leben erfahren durfte, dass Gott es immer gut mit mir meint, dass, wie Paulus es formuliert hat, »*alle Dinge zum Besten dienen denen, die Gott lieben*« (Röm. 8,28). Gott hat seine Liebe zu mir ein für alle Mal am Kreuz bewiesen und durch seine Auferstehung bestätigt. Weil er auferstanden ist, lebt er heute und sorgt sich jetzt um mich (1. Petr. 5,7).
- Zweitens weiß ich vom Wort Gottes und im Blick auf seine wunderbare Schöpfung, dass er keine Fehler macht. Der Mensch macht Fehler, die Sünde hat viel entstellt, aber Gott macht keine Fehler, auch nicht in meinem Leben.
- Und drittens will ich ihm für alle Dinge danken, weil genau das sein Wille für mein Leben ist – »*Sagt in allem Dank! Denn dies ist der Wille Gottes in Christus Jesus für euch*« (1. Thess. 5,18), sagt Paulus.

Durch diesen Entschluss, Gott für alle Dinge zu danken, wurde meine innere Gesinnung, meine Grundhaltung Gott und Menschen gegenüber zunehmend verändert. Diese Entscheidung nenne ich *»die Zeit, als ich erfüllt wurde mit dem Heiligen Geist«* (Eph. 5,18).

Viel wesentlicher als alle Information, die wir bekommen, ist nämlich unsere Herzenshaltung. Unsere Einstellung und unsere innere Haltung bestimmen unser Denken. Zwei Menschen können genau dieselbe Information erhalten, aber beide denken dabei etwas völlig anderes. Dein Herz bestimmt, wie du denkst. Darum sagt die Bibel: *»Mehr als alles, was man sonst bewahrt, behüte dein Herz! Denn in ihm entspringt die Quelle des Lebens«* (Spr. 4,23).

Unsere Einstellung und unsere innere Haltung bestimmen unser Denken.

Zuerst entschließe ich mich, Gott zu danken, dann bestimmt das Danken unser Denken – es prägt unser Herz.

Darum ist Danken nicht eine Sache, die man einmal gelernt hat und dann für immer »kann«, sondern eine tägliche Herzenshaltung Gott gegenüber. Diese muss ich jeden Tag neu einnehmen. Ich kann mich jeden Tag neu entscheiden, entweder dankbar oder undankbar zu sein.

Regen im Frühjahr 2004

Ich führe ein persönliches, geistliches Tagebuch, das niemand kennt außer mir selbst. Mit regelmäßiger Unregelmäßigkeit halte ich darin Lebenskrisen oder besonders schöne Erlebnisse mit Gott fest. Unter anderem beschrieb ich auch meinen Frust im Frühjahr 2004.

Der Winter 2004 war für mich ein anstrengender Winter mit vielen Reisediensten und vollen Freizeiten im Tauernhof. Hannelore ist im Winter immer voll beschäftigt mit den Gästen in unserer Frühstückspension. Nach so einem langen, weißen Winter (in unserem Garten liegt ca. sechs Monate lang Schnee) freuen wir uns jedes Jahr auf das grüne Gras, Vogelgezwitscher und die wärmende Sonne. In der Regel fahren wir deshalb nach der Wintersaison für ein paar Tage in etwas wärmere Gefilde, um den Sommer zu schnuppern.

So fuhren wir für drei Tage nach Meersburg, wo es aber dann jeden Tag nur regnete und kalt war. Ich sagte zu Gott: »Okay, war nicht so wie erwartet, aber danke, es ist nicht so schlimm!« Denn ich wusste, dass wir ein paar Wochen später mit Freunden am Gardasee eine knappe Woche lang klettern gehen würden. So fuhren wir im Mai nach Arco und hatten die ganze Woche nur Regen. Während der Fahrt nach Hause sagte ich zu Gott: »Okay, Gott, war wieder nicht so wie erwartet, aber ich danke dir trotzdem, es ist okay!«

Im Juni hatte ich noch einmal ein paar freie Tage, wo ich mich schon sehr darauf freute, ein paar Klettertouren in unseren Bergen zu machen. Es war die ganze Woche wunderschönes Wetter, allerdings lag ich krank im Bett. Und da hat es mir gereicht. Ich beschwerte mich bei Gott: »Gott, das ist jetzt nicht mehr fair. Ich arbeite wie blöd, fahre in der ganzen Weltgeschichte herum, um dich zu predigen, verzichte auf dies und das und jetzt gönnst du mir nicht einmal ein paar schöne, erholsame Tage. Mir reicht es. Dafür werde ich jetzt nicht mehr danken!« So entschloss ich mich, nicht mehr dankbar zu sein. Aber es war furchtbar! Meine Laune wurde zunehmend schlechter, ich war zornig über Gottes Unverständnis, mein Selbstmitleid wuchs jeden Tag und mir verging die ganze Lust am Leben. Außerdem wurde ich »ungenießbar« für meine Frau und Kinder.

Und so habe ich mich ein paar Tage später doch wieder entschlossen, für alles Danke zu sagen. Meine Frau und Kinder waren ebenfalls sehr dankbar, als ich wieder dankbar war.

Freiheit und Vorherbestimmung

Sie und ich, wir haben absolut die Freiheit zu wählen, ob wir dankbar oder undankbar durch das Leben gehen wollen, aber wir müssen sen die Konsequenzen tragen. Den Weg wählen wir selber, aber das Ziel des gewählten Weges ist vorherbestimmt.

Sie und ich, wir haben absolut die Freiheit zu wählen, ob wir dankbar oder undankbar durch das Leben gehen wollen, aber wir müssen die Konsequenzen tragen.

Gott sagte zu Adam und Eva, dass sie die Frucht vom Baum der Erkenntnis nicht essen sollten. Wenn sie jedoch davon essen würden, dann würden sie sterben. D. h., Adam und Eva hatten die Freiheit, den Weg selbst zu wählen, aber sie hatten keine Freiheit mehr, die Konsequenz ihrer Entscheidung zu bestimmen. Gott sagte: »*Wenn ihr davon esst, werdet ihr des Todes sterben.*«

Manchmal sind wir so naiv und glauben, unseren Weg und die Konsequenzen selbst bestimmen zu können. Wir glauben, ungehorsam sein zu können und gleichzeitig die Fülle des Geistes zu haben. Das ist ein Irrtum. Sowohl die Heilige Schrift als auch die Realität des Lebens bezeugen etwas anderes.

Ich habe im vergangenen Jahr mit mehreren Menschen gesprochen, die offensichtlich unglücklich waren. Sie waren zornig und negativ gegenüber anderen Menschen, sie waren verletzt und enttäuscht von Einzelpersonen und ihrer Gemeinde und eine Wurzel der Bitterkeit war nicht zu übersehen. Ich habe jede der betroffenen Personen gefragt: »Ist es das Ziel deines Lebens, zornig, zurückgezogen und verbittert zu enden?« Jeder der Befragten antwortete mit einem »Nein«. Daraufhin habe ich ihnen gesagt: »Wenn das nicht das Ziel deines Lebens ist, dann triff hier und jetzt den Entschluss, Gott zu danken. Denn wenn du nicht beginnst, dankbar zu sein, ist das Ziel deines Lebens vorherbestimmt!«

Zuerst treffen wir die Entscheidungen, dann drehen sich die Entscheidungen um und bestimmen über uns.

Ein Spruch besagt:
Du säst einen Gedanken und du erntest eine Tat.
Du säst eine Tat und du erntest eine Gewohnheit.
Du säst eine Gewohnheit und du erntest einen Lebensstil.
Du säst einen Lebensstil und du erntest eine Bestimmung.

Meine Gedanken für jedermann zu lesen

Gott ermahnt uns in seinem Wort, richtig zu denken. Paulus schreibt an die Philipper (4,8): »*Übrigens, Brüder, alles, was wahr, alles, was ehrbar, alles, was gerecht, alles, was rein, alles, was liebenswert, alles, was wohllautend ist, wenn es irgendeine Tugend und wenn es irgendein Lob gibt, das erwägt* (oder: daran denkt)!«

Woran sollten wir den ganzen Tag denken? An Dinge, die wahr, rein, liebenswert und wohltuend sind. Eine Frage an Sie, lieber Leser: Waren all Ihre Gedanken in den letzten Stunden immer wahr und gerecht? Ist alles, worüber Sie nachdachten, liebenswert, rein und wohltuend?

Würde es Ihnen etwas ausmachen, wenn alle Ihre Gedanken der vergangenen Woche auf eine Folie geschrieben würden und am nächsten Sonntag in der Kirche mit dem Overheadprojektor an die Wand projiziert würden, sodass alle Gottesdienstbesucher es lesen könnten? Wenn Sie mir ähnlich sind, dann hätten Sie wahrscheinlich ein Problem damit. Wenn Sie überhaupt keine Schwierigkeit damit hätten, würde ich Sie gerne persönlich kennenlernen.

Wie können wir lernen, richtig zu denken?

Mein Problem ist folgendes: Ich möchte gerne recht und gottgemäß denken, aber ich schaffe es nicht. Ob ich will oder nicht, meine Gedanken drehen sich im Kreis und holen mich immer wieder ein. Ich kann weder aufhören zu denken, noch kann ich immer vorherbestimmen, was ich denke. Manche Gedanken überraschen mich, manche meiner Gedanken hasse ich, aber ich kann sie nicht abstellen. Was soll ich tun?

Etwas kann ich tun! Ich kann Gott danken. Das kann ich mit meinem Willen bestimmen und kontrollieren. Ich bin auch dann in der Lage zu danken, wenn ich mich nicht danach fühle. Auch wenn ich fluchen möchte, kann ich mich entschließen zu danken. Dankbar zu sein ist kein Luxus für besonders geistliche Christen, sondern ein Gebot Gottes für alle Menschen. Denn mein Dank oder Undank bestimmen, wie ich denke. Das ist genau das, was die Bibel uns lehrt.

> Etwas kann ich tun! Ich kann Gott danken. Das kann ich mit meinem Willen bestimmen und kontrollieren.

- »*Opfere Gott Dank…*« (Ps. 50,14).
- »*Wer Dank opfert, verherrlicht mich und bahnt einen Weg*« (Ps. 50,23).
- »*Sagt allezeit für alles dem Gott und Vater Dank im Namen unseres Herrn Jesus Christus!*« *(Eph. 5,20).*
- »*Und der Friede des Christus regiere in euren Herzen, zu dem ihr auch berufen worden seid in einem Leib; und seid dankbar*« (Kol. 3,15).
- »*Und alles, was ihr tut, im Wort oder im Werk, alles tut im Namen des Herrn Jesus, und sagt Gott, dem Vater, Dank durch ihn*« (Kol. 3,17).

Unsere geistlichen Vorväter, ob in der Bibel oder in der Kirchengeschichte, kämpften alle mit Schwächen und Fehlern. Aber eines hatten sie gemeinsam: Sie waren dankbar! Dietrich Bonhoeffer bekannte: »Dankbarkeit öffnet den Weg zu Gott.«

Vater Bodelschwingh sagte: »Das Reifwerden eines Christen ist im tiefsten Grunde ein Dankbarwerden … Da wird es hell in einem Menschenherzen, wo man für das Kleinste danken lernt.«

Definition von Undankbarkeit

Manchmal ist die Antithese hilfreich, um die These zu verstehen. Was ist Undank? Was ist meine Botschaft an Gott, wenn ich undankbar ihm gegenüber bin?

Wenn ich nicht bereit bin, für eine konkrete Sache zu danken, dann sage ich eines von zwei Dingen. Entweder ich sage: »Gott, du liebst mich nicht wirklich, denn wenn du mich lieben würdest, dann wäre das nicht passiert.« Oder ich sage zu ihm: »Gott, du hast gerade einen Fehler gemacht, denn das hätte nicht passieren dürfen.«

Angenommen, ich gehe heute Mittag aus meinem Haus, falle über die Treppe und breche mir beide Arme. Was sage ich? Zuallererst schreie ich wahrscheinlich »autsch«, weil es wehtut. Dann werde ich Gott sagen, dass ich das Ganze überhaupt nicht verstehe und schätze und dass der Zeitpunkt schlecht gewählt ist, weil jetzt die Wintersaison beginnt. Aber nachdem ich mich bei Gott »ausgejammert« habe, will ich ihm danken, auch für zwei gebrochene Arme. Nicht deshalb weil ich mich danach fühle, sondern weil ich drei Dinge über Gott weiß: Er liebt mich mit seinem Leben, er macht keine Fehler und er ist kein Lügner. Wenn ich das wirklich glaube, warum sollte ich diesem Gott dann nicht danken?

Menschliche Logik und Wahrheit

Immer wieder spreche ich mit Menschen, die sich in schwierigen Situationen befinden. Sie sind arbeitslos, ihr Ehepartner ist untreu geworden, sie leiden an einer langwierigen Krankheit oder sind in eine Depression gefallen. Früher oder später stelle ich diesen Personen eine Frage: »Hast du Gott schon dafür gedankt?« Die Mehrzahl der Befragten schaut mich erst einmal verwundert an, schüttelt verwirrt den Kopf und ist überzeugt, die Frage missverstanden zu haben. Es klingt für sie fast gotteslästerlich, so etwas zu tun. Dann öffne ich die Bibel und zeige ihnen jene Stellen, in denen wir lesen, dass wir zu jeder Zeit und für alles Gott danken sollten.

Unser rationales, menschliches Denken schreit hier laut auf und sagt: »Es ist doch völlig irrational und verrückt, für etwas zu danken, das schmerzhaft, negativ, ja sogar böse ist!« Wie kann ich Gott dafür danken, dass mein Ehepartner Krebs hat? Wie kann ich Gott dafür danken, dass mein Kind behindert ist? Wie kann ich Gott dafür danken, dass der Missionar ermordet wurde?

Das ist nicht logisch und für die meisten Menschen schwer nachvollziehbar. Aber an dieser Stelle möchte ich uns daran erinnern, dass Gott seinen Sohn nicht in die Welt sandte, um uns logische Dinge zu vermitteln, sondern Jesus Christus wurde Mensch, um uns in alle Wahrheit zu leiten. Jesus hat so manche Dinge gesagt, die im ersten Moment nicht logisch erscheinen, aber sie sind wahr. Göttliche Weisheit übersteigt die Vernunft, aber sie widerspricht ihr nicht.[41]

---

[41] Vernunft ist eine Gabe Gottes. Darum dürfen und müssen wir unsere Vernunft gebrauchen. Aber wir dürfen sie nicht über das klare Wort Gottes stellen, sondern demütig um Erkenntnis bitten, wo wir etwas (noch) nicht einordnen können.

Soll ich Gott auch für böse Dinge danken?

In der Regel liegt das Problem bei dieser Frage in der falschen Betonung. Wir hinterfragen sehr schnell, ob wir danken sollten, aber wir hinterfragen nicht, ob das Böse in Gottes Augen letztlich nicht auch zum Guten dienen könnte.

Das klassische Beispiel aus der Bibel ist Josef, einer der zwölf Söhne Jakobs. Er war der Lieblingssohn seines Vaters und seine Brüder hassten ihn deshalb. Eines Tages, als sie auf dem Feld arbeiteten und ihr »kleiner Bruder« ihnen etwas zum Essen brachte, entschlossen sie sich, ihn zu ermorden. Der älteste Bruder, Ruben, hatte dann doch etwas Skrupel und so verkauften sie ihren Bruder an ein paar Händler, die nach Ägypten unterwegs waren. Dort landete Josef schließlich für viele Jahre im Gefängnis. Seine Brüder belogen ihren Vater und sagten ihm, dass sein Lieblingssohn von einem wilden Tier aufgefressen worden sei. Nachdem etwa zwanzig Jahre vergangen waren, breitete sich eine große Hungersnot im ganzen Land aus. Josef wurde inzwischen aus dem Gefängnis entlassen und weil er einen Traum des Pharaos deuten konnte, wurde er von ihm zum obersten Verwalter in Ägypten eingesetzt. Die Hungersnot betraf nicht nur Ägypten, sondern auch die umliegenden Länder. Und so kam es, dass Jakob seine Söhne nach Ägypten schickte, um dort Getreide zu kaufen, damit sie vor dem Hungertod bewahrt blieben. Als die Brüder in Ägypten eintrafen, fielen sie vor dem obersten Verwalter Ägyptens nieder. Josef erkannte seine Brüder und sagte schließlich folgende Worte zu ihnen:

»Da sagte Josef zu seinen Brüdern:
Tretet doch zu mir heran! Und sie traten heran.
Und er sagte: Ich bin Josef, euer Bruder,
den ihr nach Ägypten verkauft habt.
Und nun seid nicht bekümmert,
und werdet nicht zornig auf euch selbst,

dass ihr mich hierher verkauft habt!
Denn zur Erhaltung des Lebens hat Gott
mich vor euch hergesandt. Denn schon zwei Jahre
ist die Hungersnot im Land, und es dauert noch fünf Jahre,
dass es kein Pflügen und Ernten gibt.
Doch Gott hat mich vor euch hergesandt,
um euch einen Überrest zu setzen auf Erden
und euch am Leben zu erhalten für eine große Errettung.
Und nun, nicht ihr habt mich hierhergesandt,
sondern Gott.«
(1. Mose 45,4-8)

Obwohl die Motivation der Brüder zwanzig Jahre vorher absolut böse war, erkannte Josef, dass Gott ihn dort hingestellt hatte. Die Brüder hatten damals keine Gebetsgemeinschaft, in der sie nach Gottes Willen fragten, ob sie Josef nun verkaufen sollten oder nicht. Nein, ihre Motivation war absolut böse und ihr Bruder Josef erlitt großes Unrecht in den Jahren im Gefängnis. Und doch ist Gottes perfekter Wille geschehen. Josef hat das Handeln seiner Brüder nicht gutgeheißen, aber er konnte Gottes Handeln darin erkennen. Und darum konnte er dankbar bleiben »*in allem*« oder »*in allen Umständen*«, so wie wir es im Brief an die Thessalonicher gelesen haben.

Eine tiefsinnige Legende

Manchmal helfen Bilder, Märchen oder Legenden, um eine biblische Wahrheit besser verstehen zu können. So hat mir auch diese Legende einen kleinen Einblick in die »Wege Gottes« gegeben. Diese Legende gibt es in vielen Variationen und sie unterstreicht den Bericht von Josef aus dem Alten Testament.

Ein Einsiedler namens Johannes, der schon viel über die Rätsel im Leben der Menschen nachgedacht hatte, hatte einen Traum. Eine Stimme rief ihn: »Steh auf, Johannes, nimm deinen Stab, ich will dir die Wege Gottes zeigen!« Ein unbekannter Mann trat zu ihm und sagte: »Ich werde dich begleiten, denn alleine kommst du nicht zurecht.«

Am ersten Abend kamen sie an ein Haus. Der Hauswirt versorgte sie aufs Beste, denn er hatte einen Freudentag. Sein Feind hatte sich mit ihm versöhnt und ihm einen goldenen Becher geschenkt. Am Morgen beim Abschied sah der Einsiedler, wie sein Begleiter den goldenen Becher heimlich in sein Bündel schob und mitnahm. Der Einsiedler wurde böse, aber er erhielt die Antwort: »Schweig, so sind die Wege Gottes!«

Am zweiten Tag waren sie Gäste bei einem Mann, der schrecklich fluchte und ein Geizhals war. Ehe sie am Morgen wieder gingen, schenkte der Begleiter dem Hauswirt den goldenen Becher. »Wieso das?«, entfuhr es dem Einsiedler. Der andere legte den Finger auf den Mund: »Schweig, so sind die Wege Gottes!« Am nächsten Tag übernachteten sie bei einer armen Familie und wurden sehr herzlich aufgenommen. »Gott segne euch!«, rief der Begleiter. Aber beim Weggehen ergriff er ein brennendes Holz und zündete ihm heimlich die Hütte an. Der Einsiedler wollte ihm in die Arme fallen. »Schweig, so sind die Wege Gottes!«, war die Antwort.

Am vierten Tag logierten sie bei einem Mann, der nur einen einzigen, sehr freundlichen Sohn hatte. »Ich kann euch nicht begleiten«, sagte der Vater zu seinen Gästen beim Abschied, »aber mein Sohn wird euch den Weg zeigen, vor allem den Steg über die Schlucht.« Der Junge ging voraus. Als sie bis zur Mitte des Steges gekommen waren, packte der Unbekannte den Jungen und schleuderte ihn in die Tiefe. Der Einsiedler war geschockt. »Das sollen die Wege Gottes sein? Du bist ein Lügner!«, rief er entsetzt.

Da verwandelte sich der Begleiter in einen Engel und sagte: »Höre, Johannes! Der goldene Becher war vergiftet, der Geizhals wird sich daraus zu Tode trinken. Der arme Mann wird unter der Asche seines Hauses einen Schatz finden, mit dem ihm aus aller Not geholfen ist. Das Kind, das ich in den Strom schleuderte, wäre ein Mörder geworden.

Du konntest die Weisheit der Wege Gottes nicht finden. Nun hast du ein Stück davon gesehen. Sei in Zukunft vorsichtig mit deinen Urteilen.«

Es ist zwar nur eine Legende, aber wir entdecken dieses verdeckte Handeln Gottes immer wieder in der Geschichte Gottes mit den Menschen. Die Bibel ist voller Menschen, die, rein menschlich gesehen, viel Böses erlitten, obwohl sie treu an Gott festhielten. Aber weder Josef, Hiob, Hesekiel oder Hosea sind bitter geworden darüber, sondern vertrauten in bösen Zeiten auf den guten Willen Gottes.

Das größte Beispiel von einem dankbaren Geist inmitten des Bösen ist unser Herr Jesus selbst. Er hat Dankbarkeit praktiziert, auch im Angesicht seines größten Leidens. Bei der Einsetzung vom Abendmahl, welches auf sein vergossenes Blut und seinen zerbrochenen Leib hinweisen sollte, dankte er Gott und teilte das Brot und den Wein an seine Jünger aus (Lk. 22,17-20).

> Am Kreuz, wo die Bosheit der Menschen voll zum Ausdruck kam, betete Jesus für seine Folterer. Das ist nicht menschlich und nicht logisch.

Am Kreuz, wo die Bosheit der Menschen voll zum Ausdruck kam, betete Jesus für seine Folterer. Das ist nicht menschlich und nicht logisch. Aber Jesus wusste, was das Kreuz für den Rest der Ewigkeit bewirken würde, und darum behielt er auch im Bösen einen dankbaren Geist.

Ich glaube zwar nicht, dass wir Gott für etwas Böses danken sollten, aber ich erkenne klar in der Schrift, dass wir in allen Umständen Gott danken sollten, egal, ob die Umstände nun gut oder böse sind.[42] Denn Gott weiß Bescheid und er ist immer in der Lage, letztlich Böses zum Guten zu verwenden. Darum lasst uns in Zukunft vorsichtig sein mit unseren Urteilen und stattdessen Gott danken.

Heuchelei oder Gehorsam

Nicht selten bekomme ich auch den Einspruch, dass es Heuchelei wäre, wenn man Gott dankt, obwohl man eigentlich eher fluchen möchte. Eine liebe Bekannte sagte einmal zu mir: »Wenn ich Gott danke, obwohl ich mich überhaupt nicht danach fühle, dann ist das doch Selbstverarschung.« Ich verstand genau, was sie meinte, aber ich konnte ihr auch sagen, dass ich in der Bibel noch nirgends einen Vers gefunden habe, der sagt: »Wenn ihr euch von Herzen danach fühlt, dann seid dankbar.« Ich werde diesen Vers auch nie finden, denn es gibt ihn nicht. Ich finde jedoch einige Bibelverse, die an alle Menschen als klares Gebot gerichtet sind, nämlich Gott zu danken in allen Umständen und zu jeder Zeit. Und ein Gebot will im Gehorsam befolgt und durchgeführt werden. Darum ermutige ich Christen, »heilige Heuchler« zu sein und ihren Gehorsam über das momentane Gefühl zu stellen.

> Ich finde jedoch einige Bibelverse, die an alle Menschen als klares Gebot gerichtet sind, nämlich Gott zu danken in allen Umständen und zu jeder Zeit.

---

[42] Nicht alles, was in dieser Welt geschieht, ist der Wille Gottes. Das Gegenteil ist der Fall. Satan ist der Fürst dieser Welt (Joh. 12,31; 14,30; 16,11) und darum ist alles Böse auf Satan zurückzuführen. Aber Satan ist nicht mehr mein Fürst. Mein Fürst ist der Messias, der Friedefürst (Jes. 9,5), Jesus Christus. Und er ist viel stärker als der Fürst dieser Welt (1. Joh. 4,4).

Eine innere Haltung

Manchmal wird mir auch vorgeworfen, dass ich das Christenleben damit auf ein Gebot reduziere, das nur befolgt werden muss. Hier wird Dankbarkeit als ein »Werk« verstanden, welches wir tun müssen, damit das Leben als Christ funktioniert. Diese Sichtweise ist aber nicht überzeugend.

Denn sowohl Dankbarkeit als auch Undankbarkeit sind nicht in erster Linie ein Werk, das ich tue, sondern eine innere Haltung, die ich einnehme. Darum ist Undankbarkeit viel tragischer als Ungehorsam. Wenn eins meiner Kinder oder ein Bibelschüler ungehorsam ist, kann ich mich mit ihm hinsetzen und darüber reden. Ihr Ungehorsam hat unter Umständen Konsequenzen, aber dann ist es vorbei. Wenn mein Gegenüber jedoch undankbar ist, kann ich nichts dagegen tun, ich kann es nur ertragen. Undankbarkeit verhärtet ein Herz und hält Gott und Menschen auf einem gewissen Sicherheitsabstand.

Undankbarkeit verhärtet ein Herz und hält Gott und Menschen auf einem gewissen Sicherheitsabstand.

Dankbarkeit hingegen offenbart mein Vertrauen gegenüber dem Charakter und dem Wort Gottes. Indem ich Gott gegen mein momentanes Gefühl danke, zeige ich ihm, dass ich ihn ernst nehme. Und ein dankbares Herz sagt zu Gott auch im Leid: »Vater, ich verstehe die momentane Situation überhaupt nicht, ich habe es mir ganz anders vorgestellt, ich bin enttäuscht und frustriert über die Lage. Aber, Herr, ich vertraue dir, dass du es gut mit mir meinst und dass du auch bei mir keinen Fehler gemacht hast. Und darum danke ich dir.«

Dankbar im Leid

Objektiv gesehen, dürfte ich persönlich gar nicht über Leid und schwere Zeiten sprechen. Denn gemessen an dem, was andere Menschen erleiden müssen, weiß ich gar nicht, was dieses Wort bedeutet. Andererseits ist Leid immer unser persönliches Empfinden und kann deshalb nicht objektiv gemessen werden. Das gibt mir die Freiheit, doch aus meinem eigenen Leben zu erzählen. Denn mein Leben ist das einzige, das ich habe.

Bevor Hannelore und ich 1987 heirateten, ging sie in die Krankenschwesternschule. Sie war jedoch wegen einer starken Allergie gegen Desinfektionsmittel gezwungen, ihre Berufsausbildung abzubrechen. Diese Allergie begann an den Händen und breitete sich zu gewissen Zeiten auf den ganzen Körper aus. Sie muss bis heute viele Mittel meiden und die Hände mit Kortison behandeln. Aber sie hat gelernt, gut damit umzugehen.

Ich war über viele Jahre hauptberuflich Skilehrer und Bergführer und mein Gesicht war somit die meiste Zeit der Sonne ausgesetzt, was nie ein Problem war. Während eines Skiführerkurses am Gletscher reagierte meine Haut plötzlich auf die Sonne, sodass ich die nächsten zwei Jahre große Schwierigkeiten hatte. Einen Winter lang konnte ich bei gutem Wetter nicht ohne Gesichtsmaske aus dem Haus gehen.

Ich erinnere mich noch sehr gut an unsere ersten Ehejahre, wo wir beide extrem mit unseren Allergien zu kämpfen hatten. Wir konnten so manche Nacht nicht schlafen wegen des Juckreizes und saßen viele Stunden wach. Jeder kratzte sich, bis er blutete und der Juckreiz gestillt war. Einige Male wenn wir um 3.00 Uhr morgens immer noch wach im Bett saßen und uns kratzten, fragte Hannelore verzweifelt: »Was sollen wir nur tun?« Und meistens antwortete ich: »Lass uns Gott dafür danken!« Das habe ich mit Sicherheit nicht deshalb gesagt, weil ich mich danach fühlte. Aber ich wusste schon damals, dass Gott uns augenblicklich heilen könnte, wenn er es so wollte. Aber aus irgendeinem Grund war die Zeit dafür noch nicht gekommen. Mit anderen Christen haben wir ein Jahr später konkret dafür gebetet, wobei ich danach so gut wie geheilt war, Hannelore jedoch nicht. Rückblickend sind wir beide so dankbar für dieses kurze Leiden, denn in keiner anderen Zeit sind wir in unserm Glauben an Christus mehr und schneller gereift als in diesen Jahren. Wir sehen es heute als die Vorbereitungszeit für den Dienst, in dem wir jetzt stehen dürfen. Und vor allem sind wir heute dankbar dafür, dass wir damals dankbar waren.

Warum erzähle ich diese Geschichte? Sicher nicht, um jemand mit unseren »Leiden« zu beeindrucken, sondern um zu zeigen, dass Dankbarkeit im normalen Alltag und unter allen Umständen praktiziert werden kann. Ich kann Gott nicht nur danken, wenn ich durch einen schönen Sonnenuntergang inspiriert werde oder wenn ich ein Tischgebet über ein gutes Essen spreche, sondern ich kann Gott auch im Leid und in Trauer danken. Einfach deshalb, weil Gott gut ist.

Wir dürfen Gott nicht deshalb gut nennen, weil es uns gerade gut geht. Gott ist auch dann gut, wenn es uns einmal schlecht geht. Gott ist gut, weil er ein guter Gott ist. Natürlich können wir nicht immer alle Dinge verstehen, die uns widerfahren, aber ich kann Gott trotzdem dafür danken, dass er es gut mit mir meint.

Charles Spurgeon hat einmal über sich selbst gesagt: »Ich fürchte, dass all die Gnade, die ich aus meinen sorgenfreien, angenehmen und glücklichen Stunden empfangen habe, einen Groschen wiegt. Aber das Gute, das ich empfangen habe durch Leiden, Schmerz und Trauer, ist nicht berechenbar. Was schulde ich nicht dem Hammer und dem Schmiedstock, dem Feuer und der Feile in meinem Leben.

Anfechtung und Leid sind die wertvollsten Einrichtungsgegenstände in meinem Haus.«

Pfarrer Peter Pfeiffer

Bei einem lieben Bruder, Peter Pfeiffer, wurde im Jahr 2002 Krebs diagnostiziert. Peter war etwa gleich alt wie ich, glücklicher Ehemann und Vater. Wir trafen uns einmal im Jahr, immer dann, wenn ich in seiner evangelischen Gemeinde in Rosbach den Gottesdienst hielt. Als ich ihn nach der ersten Diagnose traf, wollte ich wissen, wie er diese Zeit erlebt hat. Seine Antwort hat mich tief beeindruckt. Peter sagte: »Ich habe in meinem ganzen Leben noch nie eine solch tiefe Dankbarkeit verspürt, auch für die kleinsten Dinge des Lebens. Ich danke Gott für jedes Blatt, das vom Baum fällt, für jede Tasse Tee, die ich trinken darf. Ich bin so dankbar geworden!«

Peter ist im Jahr 2004, für die meisten von uns viel zu früh, nach Hause gegangen zu seinem Herrn. Aber seine Worte begleiten mich bis heute.

Gottes Wille

Eine der drei meistgestellten Fragen an Lehrer und Prediger ist die Frage nach Gottes Willen für das eigene Leben. Was will Gott von mir und wie kann ich erkennen, was er will? Wenn mir diese Frage gestellt wird, antworte ich nicht selten: »Ich bin extra aus Österreich gekommen, um dir diese Frage zu beantworten. Ich weiß nämlich haargenau, was der Wille Gottes für dein Leben ist!« Mein Gegenüber ist dann meist überrascht und erfreut, weil er nun glaubt, einen Propheten vor sich zu haben. Dann schlage ich die Bibel auf bei 1. Thessalonicher 5,18+19 und zeige ihm den Willen Gottes für sein Leben: »*Sagt in allem Dank, denn dies ist der Wille Gottes in Christus*

Jesus für euch.« Der Wille Gottes für unser Leben ist klar: Gott in allen Dingen zu danken!

Im Vers 19 lesen wir dann: »*Den Geist löscht nicht aus!*«

Wissen Sie, wie wir die Kraft und das Wirken des Heiligen Geistes in uns auslöschen können? Ganz einfach: Wir müssen nur aufhören, Gott zu danken. Ein undankbarer Mensch strahlt nichts von der Freude und dem Frieden aus, welchen Gott jedem Christen zugesagt hat.

Dankbarkeit praktizieren

Albert Schweitzer hat einmal gesagt: »Unser inneres Glück hängt nicht von dem ab, was wir erleben, sondern vom Grad der Dankbarkeit, die wir Gott entgegenbringen, ganz egal, was wir erleben.«

Lieber Leser, ich weiß nicht, wie es Ihnen im Moment geht.

- Vielleicht sind Sie verzweifelt, weil Sie Ihre Anstellung verloren haben und deshalb vor einer ungewissen Zukunft stehen.
- Vielleicht wurde bei Ihnen, so wie bei Peter, Krebs diagnostiziert und Sie wissen nicht, wie es weitergehen soll.
- Vielleicht sind Sie von anderen Menschen enttäuscht, speziell von Menschen innerhalb Ihrer Gemeinde.
- Vielleicht sind Sie nervlich am Ende mit Ihrer Arbeit oder wegen den Kindern.
- Vielleicht haben Sie gerade einen Streit mit Ihrer Frau oder eine Auseinandersetzung mit Ihrem Chef.

Was immer es sein mag, ich möchte Sie dazu ermutigen, jetzt, in diesem Moment, Gott für Ihre Situation zu danken. Gott kennt Sie und er liebt Sie. Und selbst wenn Sie daran zweifeln, bitte ich Sie dennoch, ihm zu danken. Denn indem Sie danken, wird Gott Ihr Denken erneuern, und Sie können schrittweise lernen, Ihre Situation aus Gottes Perspektive zu sehen.

Wenn es Ihnen gut geht, dann möchte ich Sie auffordern, sich ein paar Augenblicke Zeit zu nehmen und fünf Gründe aufzuschreiben, wofür Sie Gott danken wollen. Hängen Sie diese fünf Gründe an Ihren Badspiegel. Sie erinnern Sie daran, Gott zu danken, auch wenn Sie sich nicht danach fühlen. Dann möchte ich Sie bitten, noch einen weiteren Schritt zu machen. Schreiben Sie einen Umstand auf, der Ihnen im Moment überhaupt nicht schmeckt, und den Namen einer Person, die Sie nicht leiden können. Und dann danken Sie Gott für diese Person. Mit der Zeit werden Sie feststellen, dass es sehr schwer ist, über einen Menschen schlecht und negativ zu denken, für den man betet.

Beharren Sie nicht auf Ihrem alten Standpunkt, sondern seien Sie willig, sich von Gott einen neuen Standpunkt schenken zu lassen. Lassen Sie den alten Standpunkt »sterben«, damit Sie in den Genuss des neuen Lebens kommen.

KAPITEL 9
Recht oder Vorrecht

Als Christenmensch hinterfragt man immer wieder, ob man wohl im Willen Gottes steht und einen wahrhaftigen Glauben besitzt. Und es ist nicht falsch, sich selbst zu prüfen, denn der Apostel Paulus ermahnt uns: »*Prüft euch, ob ihr im Glauben seid, untersucht euch!*« (2. Kor. 13,5). Der Prophet Haggai ermutigte das Volk Israel, nachdem sie aus dem Exil zurückkehrten und völlig neu beginnen mussten, viermal: »*Achtet doch darauf, wie es euch geht!*« (Hag. 1,5+7; 2,15+18; Luther).

Speziell in unserer westlichen Welt sind wir es gewohnt, auf unsere Rechte zu pochen und sie auch einzufordern. Jede Gruppe, ob groß oder klein, fordert ihre Rechte.[43] Ich kann ein Recht allerdings nur dann einfordern, wenn mir dieses Recht auch tatsächlich zusteht. Das heißt, ein Recht ist nur dann ein Recht, wenn es mir von jemandem gegeben wurde. Wenn ich zum Beispiel ein Auto kaufe und vom Verkäufer ein Jahr Garantie zugesprochen bekomme, kann ich dieses Recht einfordern, wenn das Auto nach drei Monaten kaputtgeht. Das kann ich aber nach drei Jahren nicht mehr tun, denn zu diesem Zeitpunkt steht mir dieses Recht nicht mehr zu.

Wir Menschen fordern von Gott immer wieder »Rechte«, die er uns nie zugesprochen hat, und wenden uns enttäuscht von Gott ab, wenn er uns gewisse Dinge nicht gibt. Wir glauben, dass Gott

---

[43] Manchmal fragt man sich, wie das überhaupt funktionieren kann, denn für jedes Recht, das ich einfordere, muss irgendjemand die Verantwortung übernehmen. Anstatt immer nur Rechte einzufordern, könnten wir ja auch einmal Verantwortung ausüben.

uns gewisse Dinge schuldig ist, und reagieren mit Zorn und Bitterkeit, wenn er sie uns nicht gibt bzw. wenn Gott uns gewisse Dinge wegnimmt.

Wir wollen uns jetzt einige dieser sogenannten »Rechte« bewusst machen und werden dabei feststellen, dass der alte Mensch krampfhaft an diesen Rechten festhält, obwohl sie uns niemand jemals zugesprochen hat. Das Maß, mit dem wir uns an diesen Rechten festhalten, ist das Maß, mit dem wir uns am alten Leben festhalten. Und in dem Maß, wie wir bereit sind, diese Rechte loszulassen, in dem Maß wird auch der neue Mensch in uns, Christus selbst, zum Ausdruck kommen.

> Wir Menschen fordern von Gott immer wieder »Rechte«, die er uns nie zugesprochen hat, und wenden uns enttäuscht von Gott ab, wenn er uns gewisse Dinge nicht gibt.

Unsere »Rechte«, die wir beanspruchen

1. Selbstverwirklichung und Freiheit

Die meisten Menschen in unserer individualistischen Gesellschaft glauben, ein Recht darauf zu haben, sich selbst zu verwirklichen, ihre eigenen Ziele zu erreichen, ein autonomes[44] Leben zu führen. Das ist inzwischen normales Gedankengut in unseren Köpfen und wird nicht mehr hinterfragt. Es spielt dabei oftmals auch keine Rolle, ob meine Selbstverwirklichung auf Kosten anderer geht oder nicht. Ein lieber Bergführerkollege von mir versuchte, sich selbst zu verwirklichen, indem er schwierigste Klettertouren auf der ganzen Welt machte. Ob Alaska, Patagonien, Himalaja, Afrika oder die Alpen – er ließ nichts davon aus. Das Ergebnis

---

[44] Das Wort »autonom« kommt aus dem Griechischen und setzt sich aus zwei Wörtern zusammen, »autos« (selbst) und »nomos« (Gesetz). Es bedeutet, dass ich mein eigenes Gesetz bestimme.

war allerdings eine zerrüttete Ehe und ein enttäuschtes Kind. Heute bekennt er: »Freiheit ist keine Freiheit, wenn sie auf Kosten anderer geht!« Aber ob ich mich nun auf Kosten anderer selbst verwirkliche oder auch nicht, ich habe eine prinzipielle Anfrage: Wer hat uns jemals das Recht zur Selbstverwirklichung gegeben? Wo steht es geschrieben? Die Antwort darauf ist: nirgends!

2. Beziehungen

Wir glauben, auch ein Recht zu haben auf romantische Liebesbeziehungen, einen Partner fürs Leben, auf sexuelle Befriedigung und liebe Kinder, auf faire Arbeitskollegen und gute Freunde, die uns verstehen. Der gütige Gott hat uns tatsächlich all diese schönen Dinge gegeben, allerdings nicht als ein Recht, das wir einfordern könnten, sondern als ein Geschenk, das wir annehmen dürfen.

Ich bin ein reich beschenkter Mann mit vielen Vorrechten. Ich habe eine liebe Frau, drei gesunde Kinder und super Mitarbeiter. Ich danke Gott fast jeden Tag ganz bewusst für diese guten Beziehungen, in denen ich stehen darf. Aber wenn Gott uns morgen ein Kind nimmt, indem es tödlich verunglückt, so hat Gott kein Recht verletzt. Es wäre sicher sehr schwer, damit zurechtzukommen, aber Gott hätte sich nicht schuldig gemacht. Als Hiob seine zehn Kinder in Unglücksfällen verlor, bekannte er: »*Der HERR hat gegeben, und der HERR hat genommen, der Name des HERRN sei gepriesen!*« (Hiob 1,21). Ein Vorrecht ist kein Recht, das ich beanspruchen könnte, sondern ein Geschenk, das ich dankbar aus der Hand Gottes nehmen darf.

> Wenn Gott uns morgen ein Kind nimmt, indem es tödlich verunglückt, so hat Gott kein Recht verletzt.

Als ich vor Jahren über die Rechte sprach, ist einem Zuhörer aufgefallen, dass sich diese ersten beiden Rechte gegenseitig ausschließen. Wenn jemand sich selbst verwirklichen und dabei seine persönliche Freiheit finden möchte, dann sollte er keine feste

Beziehung eingehen. Und wenn jemand eine anhaltende Liebesbeziehung möchte, dann ist er nicht mehr frei. Wir sind manchmal so naiv und glauben, ein Recht auf beides zu haben. Und wenn es dann nicht gelingt, beides zu verwirklichen, werden wir zornig und enttäuscht, weil Gott uns dieses »Recht« nicht gewährt hat.

3. Besitz

Wir glauben, auch ein Recht auf materielle Güter zu haben, ob Haus oder Wohnung, Auto oder Motorrad, Stereoanlage oder Computer. Wenn wir weniger besitzen als unser Nachbar, empfinden wir es als ungerecht, werden neidisch und schließlich bitter Gott gegenüber, weil er uns das Recht auf diese materiellen Güter nicht gewährt. Andererseits, wenn wir mehr besitzen als unser Nachbar, werden wir leicht überheblich und argumentieren damit, dass wir ja schließlich hart arbeiten und jeden Euro selbst verdient haben. Nun, Gott, unser Schöpfer, sieht das etwas anders. Gott sagt: »*Sprich nicht in deinem Herzen: Meine Kraft und die Stärke meiner Hand hat mir dieses Vermögen verschafft! Sondern du sollst an den HERRN, deinen Gott, denken, dass er es ist, der dir Kraft gibt, Vermögen zu schaffen*« (5. Mose 8,17+18).

Keiner von uns hat seine Hand oder seinen Verstand selbst geschaffen. Wenn ich gesunde Hände und einen gesunden Verstand habe, dann ist das nicht mein Verdienst, sondern ein Vorrecht und ein Geschenk, wofür wir Gott jeden Tag danken können. Darum ist es so unpassend, sich selbst zu rühmen und stolz zu werden, wenn man mehr Fähigkeiten oder Besitz hat als viele andere Menschen. Diese Fähigkeiten sollten uns demütig machen vor einem großzügigen Gott und uns dazu veranlassen, dem Schwächeren zu helfen. Ich persönlich habe das Vorrecht, ein

> Wenn ich gesunde Hände und einen gesunden Verstand habe, dann ist das nicht mein Verdienst, sondern ein Vorrecht und ein Geschenk, wofür wir Gott jeden Tag danken können.

Haus, ein Auto und vieles mehr zu besitzen. Aber sollte ich davon im nächsten Jahr etwas verlieren, so hat Gott kein Recht verletzt. Denn ein Vorrecht ist kein Recht, das ich beanspruchen könnte. Darum will ich mich selbst immer wieder daran erinnern, dass all diese Dinge ein Geschenk Gottes sind, und ihm dafür danken, solange er sie gewährt.

4. Körperliche Gesundheit

Allgemein glauben wir auch, dass wir ein Anrecht haben, gesund, dynamisch und vital zu sein. Und wenn mir oder meinen Kindern etwas zustößt, dann habe ich das Recht, zornig zu sein auf Gott und mich von ihm abzuwenden. Aber meine Frage ist wiederum: Wo steht es geschrieben, dass wir ein Recht auf Gesundheit haben? Ich habe es noch nirgends gefunden! Dennoch propagieren sogar christliche Kreise, dass es Gottes Wille ist, immer gesund, reich und glücklich zu sein. Im englischen Sprachraum ist diese Bewegung bekannt als »health, wealth, prosperity movement«. Aber ich finde dieses Denken nirgends in meiner Bibel.

Verstehen Sie mich nicht falsch. Ich bin sehr, sehr dankbar, dass ich heute als gesunder Mann hier sitzen darf, immer noch Sport treiben kann und generelle Gesundheit genieße. Ich wünsche mir auch, dass ich und meine Familie gesund bleiben dürfen, und bin dankbar für medizinische Hilfe, wenn wir sie benötigen. Aber wir haben kein Recht auf Gesundheit. Und sollte Gott mir oder meiner Frau die Gesundheit nehmen, haben wir keinen Grund, Gott anzuklagen. Er hat kein Recht verletzt. Ich kann ihm danken für das Vorrecht, dass ich diese letzten 43 Jahre relativ gesund sein durfte, und darauf vertrauen, sollte sich meine Gesundheit verschlechtern, dass er es dennoch gut mit mir meint.

Darüber hinaus müssen wir uns immer wieder bewusst machen, dass Gesundheit niemals ein Ziel für sich sein darf und kann. Die

Redensart »Hauptsache gesund!« ist nicht sehr weise. Denn krank werden wir alle, älter werden wir auch alle und sterben müssen wir auch alle. Darum, wenn wir unser Leben auf Gesundheit bauen, bauen wir auf Sand.

5. Mentale und emotionale Gesundheit

In diesem Bereich gibt es wahrscheinlich mehr zornige und verbitterte Seelen als in allen anderen. Bei Verlust oder Beeinträchtigung unserer mentalen Gesundheit suchen wir unser Leben lang nach einem Schuldigen, es entstehen Hass und Verachtung. Wie oft haben wir den Satz gehört: »Wie konnte Gott das zulassen?« Ein Teenager beschuldigt seine Eltern, dass sie ihn mit ihrer Erziehung zum Versager gemacht hätten. Erwachsene sind bitter ihrem Chef gegenüber, weil er ihnen auf ihrem Weg zur Selbstverwirklichung im Weg steht. Besonders tragisch sind die mentalen Folgeerscheinungen, die durch Gewalt, Kindesmissbrauch, Alkohol- und Drogenkonsum entstehen. Das generelle Leid in dieser Welt ist theologisch durch den Sündenfall erklärbar, aber für das individuelle Leid gibt es keine wirklich gute Erklärung.

Der erste und notwendige Schritt, um im Leid froh werden zu können, ob als Betroffener oder als Beobachter, ist, aufzuhören, einen Schuldigen zu suchen. Je mehr wir uns an diesem »Recht« der mentalen Gesundheit festhalten, desto weiter entfernen wir uns vom Ziel auf Heilung und inneren Frieden. Denn zum unverschuldeten Leid gesellen sich noch Selbstmitleid, Zorn und Bitterkeit. Damit werden wir uns zunehmend von Menschen und von Gott entfernen und enden schließlich in der Einsamkeit.

Ich bin wiederum sehr dankbar, dass ich mental gesund sein darf (hier würden einige Einspruch erheben!). Aber sollte Gott mir oder einem meiner Lieben eine Einschränkung auferlegen, so will ich mich daran erinnern, dass Gott kein Recht verletzt hat. Außerdem will ich nicht vergessen, dass Gott immer auch solche Menschen gebraucht, denen viele dieser Vorrechte versagt blieben und die dennoch oder gerade dafür dankbar waren.

6. Anerkennung und Verständnis

Anerkennung und Verständnis sind sicher wichtige Dinge in unseren zwischenmenschlichen Beziehungen. Wir sollten aufmerksam sein, unseren Nächsten ermutigen und ihm Verständnis entgegenbringen. Allerdings ist es kein Recht, das wir einfordern könnten. Gerade unter Christen entsteht viel unnötige Distanz und Bitterkeit, nur weil jemand nicht die Anerkennung und das Verständnis bekam, wie er glaubt, dass es ihm zusteht. Dann hört man die enttäuschten Worte: »Er hat sich nicht einmal bei mir bedankt!«, oder »Niemand hier versteht mich, niemand sieht, wie schlecht es mir geht!« Und als Trotzreaktion entfernt man sich dann von diesem Menschen oder von der Gruppe.

Wenn wir jedoch einsehen, dass wir kein Recht auf diese Dinge haben, würden wir lernen, anders damit umzugehen.

Wir sollten anderen Menschen stets Anerkennung schenken und Verständnis entgegenbringen, uns jedoch bewusst machen, dass niemand ein Recht verletzt hat, wenn wir sie einmal nicht bekommen.

7. Sicherheit

Dieses Denken, dass wir ein Recht auf Sicherheit und Bewahrung haben, kommt vor allem aus Nordamerika und ist in den vergangenen zwanzig Jahren stärker als je zuvor forciert worden. Wir sind zunehmend geprägt von der Mentalität: Mir darf nichts zustoßen und wenn mir etwas passiert, muss ein Schuldiger gefunden werden. Obwohl wir wissen, dass wir nie und nirgends ganz sicher sind, hat sich dieses Denken tief eingeprägt. Natürlich sollten wir aus Fehlern lernen und selbstverständlich muss es bei fahrlässigem Handeln Konsequenzen geben. Aber dieses falsche Sicherheitsdenken nimmt Menschen die Selbstverantwortung und bindet Verantwortlichen die Hände.

Gott hat uns in seinem Wort zwar eine Gewissheit gegeben, aber er hat uns nirgends Sicherheit versprochen. Das Leben auf dieser Erde ist nicht sicher. Und wenn uns etwas Unerwartetes zustößt, dann mag es uns schwer treffen, aber Gott hat weder ein Versprechen noch ein Recht gebrochen.

Theologieprofessor Helmut Thielicke hat seinen Studenten in Tübingen verboten, das Wort »gefährlich« zu verwenden. Denn, so sagte er: »Alles kann gefährlich werden.«

8. Leben an sich

Schließlich glauben wir auch, das Recht zu haben, ein erfülltes Leben zu genießen. Wir erwarten, 90 Jahre alt zu werden – mit Enkelkindern und Urenkeln auf unserem Schoß. Ich persönlich wünsche mir das auch. Ich möchte gerne als alter, gesunder Mann mit einem Stock in der Hand und einem Enkelkind auf dem Schoß auf einer Bank am Fuße des Dachsteins sitzen, den Sonnenuntergang genießen und mich auf die ewige Heimat freuen. Wer weiß – vielleicht erlebe ich es ja tatsächlich. Aber sollte ich es nicht erleben, so hat Gott kein Recht verletzt. Darum glaube ich auch nicht an einen »vorzeitigen« oder »zu frühen« Tod. So schwer es für die Hinterbliebenen sein mag, wenn ein Familienmitglied früh stirbt, so hat Gott doch die Freiheit, uns dann heimzuholen, wann er es will.

Diese Liste unserer »Rechte« könnte man noch lange fortsetzen. Aber sie reicht vollkommen aus, um uns selbst zu prüfen. Woran halte ich noch fest, was will ich nicht loslassen? Hier erkennen wir ganz praktisch, ob wir bereit sind, unser altes Leben zu verlieren, damit wir das neue Leben finden. Je mehr wir an diesen Rechten festhalten, desto weniger ist Christus in der Lage, in uns zu wirken. Je mehr wir bereit sind loszulassen, desto mehr gewinnt Christus an Gestalt in uns.

Was sagt das Wort Gottes zu diesen vermeintlichen Rechten?

Unsere vermeintlichen Rechte hat Jesus Christus durch seinen Tod aufgekauft. Darum sollten wir ihm das Recht auf unser Leben übergeben und sie seiner Herrschaft unterordnen. Wir können diese drei Punkte – aufgekauft, übergeben und unterordnen – klar aus dem Wort Gottes ablesen.

1. All unsere »Rechte« wurden am Kreuz aufgekauft

Ich zitiere hier drei Bibelstellen, die klar aussagen, dass Christus uns als ganze Person mit all unseren vermeintlichen Rechten am Kreuz von Golgatha aufgekauft hat.

- *»Denn sei es, dass wir leben, wir leben dem Herrn; sei es, dass wir sterben, wir sterben dem Herrn. Und sei es nun, dass wir leben, sei es auch, dass wir sterben, wir sind des Herrn«* (Röm. 14,8).
- *»Oder wisst ihr nicht, dass euer Leib ein Tempel des Heiligen Geistes in euch ist, den ihr von Gott habt, und dass ihr nicht euch selbst gehört? Denn ihr seid um einen Preis erkauft worden«* (1. Kor. 6,19-20).
- *»Und für alle ist er gestorben, damit die, welche leben, nicht mehr sich selbst leben, sondern dem, der für sie gestorben und auferweckt worden ist«* (2. Kor. 5,15).

2. All die »Rechte« sollen wir in der Nachfolge unserem Herrn übergeben

Weil Jesus am Kreuz den vollen Preis für unser Leben bezahlte, hat er nun auch den vollen Anspruch auf unser Leben. Das beinhaltet, dass wir all die Vorstellungen darüber, wie unser Leben abzulaufen hat, all unsere Ansprüche an das Leben im Vertrauen auf seine Liebe bei ihm abgeben.

Der Herr Jesus spricht in dieser Beziehung eine klare Sprache, wenn er sagt:

»Wer Vater oder Mutter mehr liebt als mich, ist meiner nicht würdig; und wer Sohn oder Tochter mehr liebt als mich, ist meiner nicht würdig; und wer nicht sein Kreuz aufnimmt und mir nachfolgt, ist meiner nicht würdig. Wer sein Leben findet, wird es verlieren, und wer sein Leben verliert um meinetwillen, wird es finden« (Mt. 10,37-39).

Im Lukasevangelium formuliert Jesus es noch etwas deutlicher: *»Wenn jemand zu mir kommt und hasst[45] nicht seinen Vater und die Mutter und die Frau und die Kinder und die Brüder und die Schwestern, dazu aber auch sein eigenes Leben, so kann er nicht mein Jünger sein; und wer nicht sein Kreuz trägt und mir nachkommt, kann nicht mein Jünger sein«* (Lk.14,25-27).

Diese Forderungen scheinen auf den ersten Blick unmöglich, ja sogar unmenschlich. Wer kann schon so leben? Mit der folgenden wahren Geschichte, die mich sehr beeindruckt hat, möchte ich demonstrieren, dass die Forderungen unseres Herrn Jesus weder extrem und schon gar nicht unmenschlich sind. Sie sind, bei genauerem Hinsehen, selbstverständlich.

Kampf in Mogadischu

Am 13. Oktober 1977 wurde eine Boing 737 von vier PLO-Terroristen auf dem Flug von Mallorca nach Frankfurt entführt. Der Anführer »Kapitän Mahmud« verlangte die Freilassung von neun Terroristen, die in deutschen Gefängnissen inhaftiert waren (u. a. Mitglieder der Baader-Meinhof-Bande). Er dirigierte das Flugzeug zuerst nach Rom, dann Zypern, Bahrain, Dubai, Aden und schließlich nach Mogadischu in Somalia (Ostafrika). Dort gelang es der

---

[45] Hier gilt die Regel, dass man immer eine schwierige Stelle der Bibel mit den leicht verständlichen Stellen auslegen muss. Die Bibel sagt viele Male, dass man Vater und Mutter ehren muss. Daher wird das Wort »hassen« an dieser Stelle nur als Vergleich genommen. D.h., wir sollten Gott so sehr lieben, dass unsere Liebe den Eltern gegenüber wie Hass erscheint. Es geht hier nicht um Emotionen, sondern um eine Zurückstellung.

deutschen Anti-Terror-Einheit GSG 9, drei Terroristen zu töten, und alle 86 Passagiere konnten gerettet werden. Kurz bevor das Flugzeug gestürmt wurde, fragte die Stewardess Gaby Dillmann eine der zwei weiblichen Terroristen, ob sie denn keine Angst vor dem Sterben habe. Darauf bekam sie die Antwort: »Nein, wir sind schon lange tot, wir sind längst für Palästina gestorben.« Sie betrachteten sich selbst als tot, seit sie der PLO beigetreten waren.[46]

Ein Terrorist verliert sein Leben für eine irdische und oftmals böse Sache. Und wenn er es verloren hat, bekommt er nichts zurück. Als Christen verlieren wir unser Leben an den Herrn Jesus Christus, den Retter der Welt und Liebhaber aller Menschen. Und wenn wir es an ihn verloren haben, empfangen wir sein Leben als Lohn.

Die Lektion, die wir aus dieser Geschichte lernen können, ist klar: Wenn Menschen bereit sind, ihr Leben für eine irdische Sache wegzuwerfen, wie viel mehr sollten wir bereit sein, unser Leben dem zu übergeben, der sein Leben für uns gegeben hat.

3. Wenn wir Gott unsere »Rechte« unterordnen, kann er sie als Segen zurückgeben

Wenn Jesus sagt, dass wir unser Leben verlieren müssen, um es zu gewinnen, dann will er uns nichts wegnehmen, sondern er will uns beschenken. Leider sehen wir jene Dinge, mit denen Gott uns segnen will, zu oft als Bedrohung an. Wir bekommen Angst vor Gott und verschließen uns seinem Wirken. Aber Gott kann nur dann etwas Gutes in unsere Hand hineinlegen, wenn wir zuvor unsere Hand öffnen. Die

> Gott kann nur dann etwas Gutes in unsere Hand hineinlegen, wenn wir zuvor unsere Hand öffnen.

---

[46] Kai Hermann und Peter Koch, Entscheidung in Mogadischu, Stern-Magazin, Gruner+Jahr 1977, Seite 161, 176. Eine andere Sache hat mich sehr beeindruckt: In den Minuten, als es sich entschied, ob das Flugzeug gesprengt wird oder nicht, rief die Stewardess alle Passagiere auf zu beten. Sie sprach über das Mikrofon: »Auch ich habe jetzt keine Hoffnung mehr. Wir können jetzt nur noch beten. Betet, betet, betet!«, Seite 177.

folgenden drei Beispiele von Abraham, Paulus und Petrus machen dieses Prinzip deutlich.

Als **Abraham** bereits ein betagter Mann war, versprach Gott ihm so viele Nachkommen wie Sterne am Himmel. Als er 100 Jahre alt war, so gut wie tot, sagt die Bibel (Röm. 4,19), bekam er einen Sohn von seiner eigenen Frau Sara. Einige Jahre später befahl Gott dem Abraham, seinen einzigen Sohn zu opfern. Wenn irgendein Mann jemals das Recht auf *einen* Sohn hatte, dann Abraham. Aber er hielt nicht an diesem Recht fest, sondern war bereit, seinen Sohn Gott zu opfern. Weil Abraham bereit war, auf sein Recht auf einen Sohn zu verzichten[47], erfüllte Gott sein Versprechen und gab ihm tatsächlich Millionen Söhne und Töchter. Denn jeder Mensch, der an den Namen Gottes glaubt, ist ein Nachkomme Abrahams. Abraham hat heute tatsächlich so viele Nachkommen, dass sie niemand mehr zählen kann (Röm. 4,9-12).

Paulus hatte mehr Gründe, von Gott »Rechte« einzufordern, als je einer von uns haben kann. Im Brief an die Philipper zählt er sieben »Rechte« als gläubiger Jude auf:

»Beschnitten am achten Tag, vom Geschlecht Israel, vom Stamm Benjamin, Hebräer von Hebräern; dem Gesetz nach ein Pharisäer; dem Eifer nach ein Verfolger der Gemeinde; der Gerechtigkeit nach, die im Gesetz ist, untadelig geworden.«

Aber dann fügte Paulus das Geheimnis seines Lebens hinzu:

»Was auch immer mir Gewinn war, das habe ich um Christi willen für Verlust gehalten; ja wirklich, ich halte auch alles für Verlust um der unübertrefflichen Größe der Erkenntnis Christi Jesu, meines Herrn, willen, um dessentwillen ich alles eingebüßt habe und es

---

[47] Außerdem glaubte Abraham, dass Gott, wenn er tatsächlich das Leben von Isaak wollte, ihn wieder von den Toten auferwecken würde (Hebr. 11,17-19).

für Dreck achte, damit ich Christus gewinne und in ihm gefunden werde ...« (Phil. 3,4-9).

Paulus war bereit, all seine menschlichen Vorrechte und Vorteile abzugeben, wenn er dabei Christus besser kennenlernt. Er erkannte sogar, dass all seine »Rechte« nur Dreck sind im Vergleich dazu, Jesus zu kennen. Genau genommen, ist es kein Opfer, unsere vermeintlichen Rechte aufzugeben, sondern nur klug. Denn der Gegenwert, den wir in Christus bekommen, überwiegt so sehr, dass wir all die anderen Dinge, an denen wir festhalten, als »Dreck« erkennen.

> Er erkannte sogar, dass all seine »Rechte« nur Dreck sind im Vergleich dazu, Jesus zu kennen.

Jim Elliot hat das Sprichwort geprägt: »Du bist kein Narr, wenn du das verlierst, was du nicht behalten kannst, um das zu gewinnen, was du nicht verlieren kannst!«

Petrus war von Natur aus immer sehr direkt und fragte Jesus einmal: *»Siehe, wir haben alles verlassen und sind dir nachgefolgt. Was wird uns nun werden?«* Mit anderen Worten: »Jesus, wir haben alles wegen dir verlassen, was bekommen wir nun dafür?« Gute und ehrliche Frage!

Jesus gab den Jüngern auch eine ehrliche Antwort und sprach:
»Wahrlich, ich sage euch: Ihr, die ihr mir nachgefolgt seid, auch ihr werdet in der Wiedergeburt, wenn der Sohn des Menschen auf seinem Thron der Herrlichkeit sitzen wird, auf zwölf Thronen sitzen und die zwölf Stämme Israels richten. Und ein jeder, der Häuser oder Brüder oder Schwestern oder Vater oder Mutter oder Frau oder Kinder oder Äcker um meines Namens willen verlassen hat, wird hundertfach empfangen und ewiges Leben erben« (Mt. 19,27-29).

Jesus ist ein unheimlich großzügiger Gott. Er verspricht, dass wir bereits in diesem Leben seine Fülle und Frieden haben, hundertmal mehr, als es ohne ihn möglich wäre, und noch dazu das ewige Leben. Unser Gott ist kein geiziger Gott!

Wie sollen wir persönlich mit unseren »Rechten« umgehen?

Im nächsten Abschnitt wird es nun sehr persönlich, denn es geht hier an die Substanz des alten Lebens. Hier kommen wir zur eigentlichen Prüfung, ob Sie und ich gelernt haben, unser Leben hinzugeben bzw. Gott unterzuordnen. Es fällt übrigens niemandem leicht, die nächsten drei Schritte zu unternehmen, und wenn man es ernst meint, wird es kaum ohne Zagen, Zittern oder Tränen gehen. Aber es lohnt sich! Es geht jetzt darum, dass wir unsere vermeintlichen Rechte identifizieren, sie dann Gott übergeben und schließlich danken.

Hier kommen wir zur eigentlichen Prüfung, ob Sie und ich gelernt haben, unser Leben hinzugeben bzw. Gott unterzuordnen.

1. Identifizieren Sie das Recht (oder die Rechte), das/die Sie glauben zu haben

Hier braucht es Ehrlichkeit und Mut. Was jetzt in unserem Herzen geschieht, bezeichne ich als »innere Turbulenz«. Denn wenn ich erkenne, an wie vielen Dingen ich noch festhalte, wie egoistisch ich eigentlich lebe, werde ich nicht mehr sehr beeindruckt von mir selbst sein. In kirchlicher Sprache nennt man dies die »Sündenerkenntnis«. Seien Sie niemals überrascht, wenn die anfängliche Begegnung mit Gott schmerzhaft ist. Denn wo Sünde aufgedeckt wird, tut es weh.

Seien Sie niemals überrascht, wenn die anfängliche Begegnung mit Gott schmerzhaft ist.

Belügen Sie sich nicht selbst und erlauben Sie den Verwundungsprozess. Der Prophet Hosea schrieb: »Kommt und lasst uns zum HERRN umkehren! Denn er hat zerrissen, er wird uns auch heilen; er hat geschlagen, er wird uns auch verbinden« (Hos. 6,1). Um einen tödlichen Tumor zu entfernen, muss der Arzt zuvor eine Wunde schneiden. Lassen Sie Gott das Werk tun und benennen Sie ehrlich die beanspruchten »Rechte«.

_____

_____

_____

_____

_____

_____

_____

_____

_____

_____

_____

_____

2. Übergeben Sie nun all diese »Rechte« an Gott

Dieses Gebet bedarf eines willigen Geistes und ich nenne es »das Gebet der Übergabe«. An diesem Punkt übergeben Sie alles dem Herrn Jesus, Sie verlieren Ihr Leben. Bekennen Sie Gott all Ihre Schwachheiten, sei es Zorn, Stolz, falsche Demut, sündige Gewohnheiten, Komplexe, Tratschsucht usw.

Sie müssen übrigens nicht anfangen, in Ihrem Leben zu graben, um etwas zu finden, sondern der Heilige Geist ist treu und nimmt Sie beim Wort, wenn Sie um einen willigen Geist bitten. Er offenbart Ihnen klar und verständlich die Sünden Ihres Lebens.

Nehmen Sie sich Zeit, diese Dinge aufzuschreiben, und bekennen Sie diese laut vor Gott, dem Vater. Übergeben Sie all Ihre vermeintlichen Rechte dem Herrn Jesus und halten Sie nichts zurück.

Sprechen Sie Ihre Vergehen laut aus, denn der einzige Weg, auf dem wir Sünde loswerden, ist über unsere Lippen (Röm. 10,8-10; Jak. 5,16). An diesem Punkt merken Sie, dass Sie nun nichts mehr in Ihrer Hand haben, keine »Sicherheiten« mehr als nur »Jesus allein« (Mt. 17,8).

Aber seine Liebe trägt und es bewahrheitet sich das Sprichwort: »Du kannst nie tiefer fallen als in die Hand Gottes.« Wir geben den alten Menschen ab, um den neuen Menschen zu empfangen.

Es ist wie beim Abseilen, wenn man mit dem Rücken zum Abgrund steht. Man sieht das Seil und den Anker vor sich, aber man hat dennoch Angst, sich zurückfallen zu lassen. Aber wenn man sich einmal eingelassen hat, wenn man sich fallen lässt, erlebt man, dass das Seil hält, und man beginnt, die Freiheit der Abhängigkeit zum Seil zu genießen.

Genauso ist es mit Gott. Dieses Bekennen und Übergeben meiner Rechte ist der Moment, wo ich mich fallen lasse. Kaum etwas im Leben fällt uns so schwer wie dieser erste Schritt. Aber wenn wir losgelassen haben, entdecken wir eine völlig neue Perspektive des Lebens. Noch nie zuvor haben Sie die Welt so gesehen wie jetzt – der neue Mensch in Christus beginnt zu leben.

Nachdem Sie nun Ihre Rechte identifiziert, sie bekannt und an Christus übergeben haben, folgt noch ein dritter Schritt.

3. Entschließen Sie sich, Gott für alles zu danken, was auch immer als Konsequenz dieser Entscheidung folgen wird

Nicht selten stellt man mir die Frage, was geschieht, wenn man sich so mit »Haut und Haar« auf Gott einlässt. Nun, ich weiß es nicht, denn ich bin nicht Gott.

Aber zwei Dinge wissen wir: Erstens wissen wir, was Gott von uns will. Im kleinen Propheten Micha haben wir ein klares Wort: »*Es ist dir gesagt, Mensch, was gut ist und was der HERR von dir fordert, nämlich Gottes Wort halten und Liebe üben und demütig sein vor deinem Gott*« (Mi. 6,8; Luther).

Wenn wir uns vor Gott demütigen und das tun, was er fordert, dann wissen wir noch ein Zweites: Wir dürfen Gott ganz bei seinem Wort nehmen. Gott ist kein Lügner oder Betrüger. Und wenn wir im Gehorsam ihm gegenüber das tun, was er von uns verlangt, dann steht er auch ganz sicher zu dem, was er versprochen hat. Darum entschließen Sie sich, Gott im Voraus für alles zu danken, was er nun tut, ganz egal, was es sein wird. Und ich füge immer hinzu: Versuchen Sie es nicht, sondern tun Sie es!

Versuchen Sie es nicht, sondern tun Sie es!

Das *eine* Recht, welches Gott uns gegeben hat

Glücklicherweise sind wir jedoch keine »rechtlosen Menschen«, denn Gott hat uns in seinem Wort *ein* Recht zugesprochen. Es ist das vornehmste Recht der Menschheit überhaupt und es ist ein Recht, das uns nichts und niemand jemals wegnehmen kann. Gott selbst hat es uns verheißen! Und weil Gott selber uns dieses Recht gegeben hat, dürfen wir es von ihm fordern, ohne dabei hochmütig zu sein.

Weil Gott selber uns dieses Recht gegeben hat, dürfen wir es von ihm fordern, ohne dabei hochmütig zu sein.

Im Johannesevangelium haben wir den traurigsten und den erbaulichsten Vers der ganzen Bibel in einem Satz formuliert:

- »*Er (Jesus Christus) kam in das Seine, und die Seinen nahmen ihn nicht an*« (Joh. 1,11).
- »*So viele ihn aber aufnahmen, denen gab er das Recht, Kinder Gottes zu werden, denen, die an seinen Namen glauben*« (Joh. 1,12).

Jesus Christus kam in das Seine, zu den Menschen, die er geschaffen hat. Aber sie haben ihn nicht erkannt und schließlich gekreuzigt.

Aber für alle, die an ihn glauben, für jeden, der sich an ihn wendet, hat Jesus dieses einzigartige Versprechen: »*Ich gebe dir das Recht, mein Kind zu sein!*«

Dieses Recht steht jedem zu, der sich im Glauben an Jesus wendet. Es steht uns nicht deshalb zu, weil wir besonders gut oder nett wären, sondern weil Gott selbst uns dieses Recht zugesprochen hat. Und Gottes Wort kann nicht gebrochen werden (Joh.10,35).

Lieber Leser, ist das nicht eine fantastische Zusage? Welches andere Recht dieser ganzen Welt könnte diesem Recht das Wasser reichen? Dieses Recht gibt uns eine Hoffnung und Gewissheit, welche diese Welt nicht kennt. Ich möchte diese Gewissheit mit der folgenden Geschichte aus Schottland unterstreichen.

Das alte Nannerl

Eine alte Frau, bekannt als das »alte Nannerl«, lebte alleine in einer Hütte in Schottland. Sie war arm und an das Bett gebunden, jedoch war sie sehr reich im Glauben. Ein junger Pfarrer besuchte diese alte Frau regelmäßig, mehr zu seinem eigenen Vorteil als zu ihrem Trost, denn er konnte viel von ihr lernen. Einmal nahm er sich vor, den Glauben der alten Frau zu prüfen, und fragte sie: »Nannerl, nehmen wir einmal an, dass dich Gott trotz all deiner Gebete und deines Vertrauens letztlich doch nicht bei sich im Himmel aufnimmt, was dann?«

Warum sollte Gott mich verstoßen? Wenn Gott mich verstoßen würde, dann wäre er selbst der größte Verlierer.

Die alte Frau stützte sich auf ihren Ellbogen, schaute dem jungen Pfarrer in die Augen und sagte: »Du bist offensichtlich noch nicht allzu weit gekommen in deinem Glaubensleben! Warum sollte Gott mich verstoßen? Wenn Gott mich verstoßen würde, dann wäre er selbst der größte Verlierer. Ich würde zwar meine Seele verlieren, das stimmt, aber Gott würde seinen Charakter verlieren!

Denn Gott weiß, dass ich meine Seele und meine ganzen Hoffnungen alleine auf seine Versprechen gebaut habe. Und sollten diese gebrochen werden, dann würde wohl das ganze Universum vergehen, denn dann wäre Gott ein Lügner.«[48]

Einen solch tragenden Glauben kann jeder Mensch genießen, der sein altes Leben Christus übergeben hat, um danach das Leben aus Gott zu empfangen.

---

[48] James Large, Titles & Symbols of Christ, AMG Publishers 1994 (orig. Hodder & Stoughton 1988), Seite 129.

KAPITEL 10
Sicherheit oder Gewissheit

Mike Yakonelli schrieb in seinem Buch »Dangerous Wonder« (aus dem Englischen frei übersetzt):

»Einer der kritischsten Bereiche im heutigen Christentum ist die Abgestumpftheit der Christen. Wir haben das Staunen verlernt. Die Gute Botschaft ist nicht mehr die ›Gute Botschaft‹, sondern eine ›Okay-Botschaft‹. Christsein ist nicht mehr lebensverändernd, sondern höchstens eine Lebensverbesserung. Jesus verwandelt Menschen nicht mehr in feurige, radikale Christen, sondern höchstens in ›nette Menschen‹. Wenn Christsein nur bedeutet, nett zu sein, dann interessiert es mich nicht.

Was ist passiert mit einer radikalen Christenheit – einer Art Menschen, die die Welt auf den Kopf gestellt hat? Was ist passiert mit dem Evangelium, das im ersten Jahrhundert wie ein wildes Feuer die Welt veränderte und (von den Regierenden) als gefährlich angesehen wurde? Was ist passiert mit den Christen, die voller Feuer waren; die keine Angst kannten; die für die Wahrheit standen, ganz egal, was es sie kostete; die ein Dorn waren in einer gottlosen Welt; die willig waren, Jesus nachzufolgen, egal, wohin? Was Jesus und seine Jünger charakterisiert hat, war ihre Unberechenbarkeit. Jesus hat seine Jünger stets überrascht, indem er in den falschen Häusern gegessen hat, indem er mit den falschen Leuten verkehrt hat (mit Steuereintreibern, Ehebrechern, Prostituierten, Leprakranken) und indem er die Menschen am falschen Tag geheilt hat.

Ich bin bereit für ein Evangelium, das mein Herz vereinnahmt und mich aufwühlt. Ich möchte mich wieder so überraschen lassen,

Ich will als »gefährlich« gelten in einer langweiligen und abgestumpften Religion.

dass ich selber für andere Menschen unberechenbar werde. Ich will als ›gefährlich‹ gelten in einer langweiligen und abgestumpften Religion. Ich möchte einen Glauben, der als gefährlich in einer monotonen und berechenbaren Gesellschaft eingestuft wird. Die größte Gefahr in der Christenheit sind wahrscheinlich jene Menschen, die zwar behaupten, an Jesus zu glauben, aber nicht mehr überrascht und überwältigt von Jesus sind.«[49]

Was ist nur geschehen?

Was ist nur geschehen mit der heutigen Christenheit? Warum wird die Kirche von Jesus Christus belächelt und als irrelevant abgestempelt, wenn es um die wesentlichen Dinge in unserer Gesellschaft geht? Warum haben Christen so wenig Profil? Es regt mich auf, wenn Christen als die weltfremden, religiösen Fanatiker mit wenig Bezug zur Realität hingestellt werden. Woher kommt dieses Denken?

Ich glaube, ein Hauptgrund ist der: Wir Christen sind heute vor allem darauf bedacht, bewahrt zu bleiben, und haben Angst, für das Reich Gottes Risiken einzugehen. Wir sind nicht mehr bereit, zu leiden und zu sterben für die wichtigste Sache der Welt, für die Person Jesus Christus.

Warum ist das so? Darum: Sicherheit und Bewahrung ist in unserer heutigen westlichen Welt Ziel und Tugend Nummer 1. Für lange Zeit galt »Gerechtigkeit« als die erste Tugend unseres christlichen Abendlandes. Diese erste Tugend wurde in den letzten zwanzig Jahren abgelöst durch »Toleranz«. Tolerant zu sein war und ist zum Teil immer noch wichtiger als Gerechtigkeit. Allerdings stoßen wir mit dieser Idee an unsere Grenzen, denn

> Es regt mich auf, wenn Christen als die weltfremden, religiösen Fanatiker mit wenig Bezug zur Realität hingestellt werden.

---

[49] Michael Yaconelli, Dangerous Wonder, Navpress 1998, 2003, Seiten 24-29.

wir sehen langsam ein, dass es nicht möglich ist, jemanden zu tolerieren, der uns zerstören will. Seit Beginn des 21. Jahrhundert ist »Sicherheit« unsere neue erste Tugend. Für die Sache der Sicherheit sind wir im Moment bereit, alles zu tun und jeden Preis zu bezahlen. Wenn etwas sicher ist für mein Kind, dann wird es gekauft, ohne lange zu hinterfragen, ob es sinnvoll ist und wie viel es kostet. Für die Sache der Sicherheit sind wir sogar bereit, unseren Verstand und unsere Logik aufzugeben. Wenn es heute in einer Abstimmung um Sicherheit geht und ich stimme dagegen, dann werde ich gekreuzigt.

Eine falsche Theologie

Dieses falsche Sicherheitsdenken hat sich auch in unserer Theologie massiv eingeschlichen. Wenn es gefährlich ist, in einem bestimmten Land zu missionieren, dann zieht man alle Missionare sofort ab. Früher verließen Missionare ihr Heimatland im Wissen, dass sie nie mehr zurückkehren werden. Sie standen mit ihrem Leben hinter dem Auftrag Gottes. Wenn wir heute so denken und das laut sagen, gelten wir als ketzerisch, fanatisch und extrem. Wir wünschen uns durchaus, dass viele Christen in die Mission gehen, aber bloß nicht unsere eigenen Kinder. Sie sollen behütet und bewahrt in unserer Nähe bleiben.

Beobachten Sie einmal Ihre eigenen Gebete, wofür haben Sie heute gebetet? Wahrscheinlich um Bewahrung, wenn Sie mit dem Auto fahren, um Bewahrung für Ihre Kinder auf dem Schulweg und um Bewahrung, wenn Sie Ski fahren gehen. Wann haben Sie zum letzten Mal gebetet, dass Gott Sie gebrauchen möge, egal, was es kostet? Warum beten wir nicht darum, »leidenschaftlich und gefährlich« zu sein in einer abgestumpften Welt und einer weltfremden Religion?

Dieses falsche Sicherheitsdenken hat eine lauwarme Theologie entwickelt. Ich habe schon öfter Prediger und Pfarrer sagen gehört (ich glaube, ich habe es sogar selbst einmal gesagt): »Der sicherste Ort dieser Welt ist, im Willen Gottes zu sein!« Das klingt extrem nett, ist jedoch extrem unbiblisch. Man nennt das auch »Lügen mit der Bibel«. Wenn wir immer nur sicher und bewahrt sind, wenn wir nie belacht, benachteiligt oder falsch beschuldigt werden, weil wir Jünger von Jesus sind, dann bewegen wir uns wahrscheinlich nicht im Willen Gottes.

Unsere Vorbilder aus der Geschichte

Waren die Jünger von Jesus im Willen Gottes? Ich denke, schon. Blieben sie immer sicher und bewahrt in diesem Erdenleben? Keineswegs!

Jakobus wurde enthauptet und Stephanus wurde zu Tode gesteinigt (Apg. 12,2; 7,54-60). Paulus war in Gefängnissen, wurde geschlagen, gesteinigt, erlitt Schiffbruch, war oft in Gefahr auf Reisen, erlebte Hunger, Durst, Kälte und Blöße (2. Kor. 11,23-28).

Im elften Kapitel vom Hebräerbrief sind die Helden des Glaubens aufgeschrieben. Zuerst lesen wir davon, wie sie im Glauben Königreiche bezwangen und im Kampf stark wurden. Dann folgt eine Liste, wie diese Glaubenshelden mit demselben Glauben gefoltert, gegeißelt und gesteinigt wurden, wie sie starben durch das Schwert, wie sie umherirrten in Wüsten und Höhlen, geplagt, bedrängt und Mangel leidend (Hebr. 11,32-40).

Über die ersten Christen im damaligen Römischen Reich schreibt Armin Sierszyn im 1. Band von »2000 Jahre Kirchengeschichte« Folgendes:

»Seit etwa 100 n. Chr. steht die Todesstrafe auf den christlichen Glauben. Für die Mission heißt dies: Es wird unmöglich, weiterhin frei auf öffentlichen Plätzen zu missionieren. Zu Beginn des 2. Jahrhunderts stirbt der berufstätige, von der Gemeinde unterhaltene Missionar aus. Wie wird jetzt evangelisiert? Der römische Staat selber wird zum größten Wohltäter der jungen Kirche – durch die Verfolgungen. Er lenkt die Aufmerksamkeit der Heiden auf die Christen. Christenprozesse werden zu öffentlichen Schauspielen mit der Absicht, den Christusglauben als töricht und wahnsinnig darzustellen. Doch der römische Staat macht die Rechnung ohne den Wirt. Die Christenprozesse werden zu äußerst wirksamen Missionsveranstaltungen, weil die Gefolterten ihre Henker segnen und den lebendigen Gott preisen.

Tertullian schreibt ums Jahr 200 n. Chr.: ›Wir werden zahlreicher, sooft wir von euch dahingemäht werden. Das Blut der Christen ist der Same der Kirche.‹ Die Märtyrer sind im 2. und 3. Jahrhundert die besten Missionare. Vor dem Richter und in aller Öffentlichkeit legen sie ihr Christuszeugnis ab und besiegeln ihren Glauben mit dem Blut. Der römische Staat füllt ganze Amphitheater und ebnet den Weg zur Ausführung des Missionsbefehls von Christus. ›Die Menschen gedachten es böse zu machen, Gott aber gedachte es gut zu machen‹ (1. Mose 50,20).«[50]

Es beschämt mich festzustellen, dass alles, was wir heute von Gott erbitten, nur Sicherheit und Bewahrung ist. Irgendwo liegen wir falsch mit diesem Sicherheitsdenken. Ich finde es weder in der Bibel noch in der Geschichte und auch nicht im heutigen Alltag. In unseren Landen werden zwar Christen heute nicht verfolgt, aber Christen werden auch heute von Unglück, Leid und Schmerz nicht verschont. Gläubige Menschen verunglücken genauso oft und so

---

[50] Armin Sierszyn, 2000 Jahre Kirchengeschichte, 1. Band, Hänssler Verlag, Holzgerlingen 1995.

unerwartet wie Atheisten. Gottes erster Plan ist eben nicht unsere leibliche Sicherheit, sondern unsere Heiligkeit und Gerechtigkeit. Dieses Leben ist nicht sicher, egal, ob wir gläubig oder ungläubig sind. Wir alle werden krank, wir alle erleben Unglücke und wir alle sterben. Die Sterberate liegt immer noch bei 100 Prozent.

Vergangenes Jahr dankten wir Gott auf einer Konferenz, dass er eine deutsche Missionarin in Afrika bewahrt hat, als Rebellen das Dorf überfielen, wo sie stationiert war. Und es ist auch richtig, Gott dafür zu danken. Aber zwei andere Missionare wurden bei demselben Überfall getötet. Waren sie weniger gläubig oder hat Gott geschlafen? Natürlich nicht!

> Gottes erster Plan ist eben nicht unsere leibliche Sicherheit, sondern unsere Heiligkeit und Gerechtigkeit.

In seinem Buch »Wenn Gott dein Gebet nicht erhört« beschreibt Jerry Sittser, wie er am Morgen um Schutz und Bewahrung für seine Familie gebetet hat und am selben Tag seine Frau, seine Tochter und seine Mutter bei einem Autounfall ums Leben kamen. Am nächsten Tag ertappte er sich, wie er abermals für seine drei anderen Kinder um Schutz bat, sich dann aber fragte: Wozu? Es hat doch gestern auch nicht funktioniert. Seine Zweifel und inneren Glaubenskämpfe beschreibt Jerry sehr eindrücklich in diesem Buch.[51]

Verstehen Sie mich bitte nicht falsch. Natürlich kann Gott bewahren und tut es auch oft genug. Es ist auch nicht falsch, um Bewahrung zu beten. Aber die Prioritäten müssen wir neu überdenken und die Überbetonung von Bewahrung sollten wir korrigieren.

---

[51] Jerry Sittser, Wenn Gott dein Gebet nicht erhört, Hänssler Verlag, Holzgerlingen 2005.

Gebet eines Soldaten

Vor Jahren hat mir eine ehemalige Bibelschülerin das Gebet eines Soldaten aus dem 2. Weltkrieg zukommen lassen. Er schrieb es an seine Frau in den USA, während er an der Front in Frankreich diente. Seine Frau sollte ihrem gemeinsamen 10-jährigen Sohn dieses Gebet lehren:

»Das erste Gebet, das mein Sohn lernt für mich zu sprechen, soll nicht sein: ›Herr, beschütze meinen Vati‹, sondern: ›Gott, mach Vati mutig, und wenn er durch schwere Zeiten gehen muss, so gib ihm die Kraft, sie durchzustehen‹. Mein Sohn, nicht Leben oder Tod sind das Wichtigste im Leben, sondern Recht und Unrecht. Ein toter Vater ist immer noch ein Vater. Aber ein Vater, der sich selbst vor Gott entehrt, ist etwas zu Schlimmes, um es in Worten ausdrücken zu können. Ich nehme an, du möchtest auch um Bewahrung und Sicherheit beten für Vati und Mutti möchte das wahrscheinlich auch. Nun, bete es zum Schluss, immer zum Schluss. Denn Bewahrung ist bei Weitem nicht so wichtig, als das zu tun, was recht ist vor Gott.«

Dieses Gebet hat mich vor vielen Jahren so tief beeindruckt, dass ich es auch meiner Frau gegeben habe, damit sie es unseren Kindern beibringt, wenn ich auf Reisediensten oder in den Bergen unterwegs bin.

Der berühmte Chinamissionar Hudson Taylor sagte über sein eigenes Leben: »Mir ist es das Wichtigste, Gottes Willen zu tun, koste es, was es wolle.« Und Benjamin Franklin sagte: »Wer die Freiheit aufgibt, um Sicherheit zu gewinnen, wird am Ende beides verlieren.« Das sind auch meine ernsthaften Bedenken bei uns Christen.

Schadrach, Meschach und Abed-Nego

Ein weiteres biblisches Vorbild für diese Haltung sind mir die drei Freunde Daniels: Schadrach, Meschach und Abed-Nego. Als um 600 v. Chr. Nebukadnezar als König über Babylon herrschte, wurden alle Einwohner gezwungen, vor einem goldenen Bild niederzufallen und es anzubeten. Jeder, der es nicht tat, wurde in den Feuerofen geworfen. Als diese drei Männer vom König aufgefordert wurden niederzufallen, gaben sie ihm folgende Antwort: *»Nebukadnezar, wir haben es nicht nötig, dir ein Wort darauf zu erwidern. Ob unser Gott, dem wir dienen, uns erretten kann – sowohl aus dem brennenden Feuerofen als auch aus deiner Hand, o König, wird er uns erretten – oder ob nicht: es sei dir jedenfalls kund, o König, dass wir deinen Göttern nicht dienen und uns vor dem goldenen Bild, das du aufgestellt hast, nicht niederwerfen werden«* (Dan. 3,16-18).

Sie bekannten vor dem König, dass Gott ohne Weiteres in der Lage ist, sie aus dem Feuerofen zu retten. Aber selbst dann, wenn er sie nicht vor dem Feuer bewahrt, werden sie dennoch das tun, was recht ist vor ihrem Gott.

Das kleine Wort »vielleicht«

Es gibt ein T-Shirt mit dem Aufdruck: »God always keeps you safe!« (Bei Gott bist du immer sicher.) Ich werde dasselbe T-Shirt drucken lassen, jedoch auf die Rückseite schreiben: »Vielleicht!«

Ich habe in der Bibel nach dem Wort »vielleicht« Ausschau gehalten und bin dabei auf große Beute gestoßen. Unter anderem im Buch Josua. Kaleb war einer der zwölf Spione, die Mose aussandte, um das versprochene Land Kanaan zu erkunden (4. Mose, 13+14).

Alle zwölf waren beeindruckt vom dem Land, aber niemand glaubte, dass sie stark genug seien, um es tatsächlich einzunehmen.

Nur Josua und Kaleb waren zuversichtlich, weil sie nicht auf ihre eigene Ohnmacht blickten, sondern auf die Stärke ihres Gottes. Darum wurde Kaleb ein Teil des Gelobten Landes zugesagt, wenn sie es einnehmen würden (5. Mose 1,36).

Vierzig Jahre später war es dann so weit. Kaleb war immer noch am Leben und stand nun vor dem Land, das Gott ihm versprochen hatte. Und obwohl er immer treu hinter Gott stand und er das Versprechen Gottes hatte, dass er seine Feinde besiegen und das Land einnehmen würde, sagte er in Josua 14,12: »*Vielleicht ist der HERR mit mir, dass ich sie vertreibe, wie der HERR geredet hat*«

Obwohl Kaleb wusste, dass sein Gott mächtig genug ist, um die Feinde zu vertreiben, war ihm auch bewusst, dass er vielleicht im Kampf fallen wird.

Immer wieder hat Gott den Israeliten den Sieg über die Feinde versprochen. Zu Josua sprach Gott: »*Jeden Ort, auf den eure Fußsohle treten wird – euch habe ich ihn gegeben, wie ich zu Mose geredet habe*« (Jos. 1,3).

Obwohl der Kampf noch gar nicht stattgefunden hat, spricht Gott bereits in der Vergangenheit: »Ich habe gegeben.« Gott sagt hier mit anderen Worten: Das Land gehört so gut wie euch. Ihr habt den Sieg bereits in der Tasche, weil ich mit euch bin. Ihr müsst aber gehen, ihr müsst eure Füße auf den Boden setzen und ihr müsst kämpfen. Der Sieg gehört euch! Das ist eine fantastische Zusage, weil Gott seine Versprechen immer einhält. Und dennoch hatten die Israeliten Angst zu gehen – und das aus einem guten Grund. Denn obwohl Gott immer den Sieg schenkte, wenn er es versprochen hat, sind im Kampf einige der Israeliten gefallen und andere wurden schwer verwundet. Und darum sagte Kaleb »vielleicht«!

Die Pforten der Hölle werden die Gemeinde nicht überwinden[52]

Wir Christen haben ebenfalls ein fantastisches Versprechen von unserem Herrn Jesus. Alle Mächte der Hölle werden die Gläubigen nicht überwinden. Das heißt, dass Jesus Christus und seine Gemeinde am Ende der Geschichte als Sieger hervorgehen werden.

Der Böse (ein Name für Satan) wird vom Guten (Jesus Christus) besiegt, Hass wird nicht mehr regieren, sondern durch die vollkommene Liebe Gottes ersetzt werden und der Tod wird durch den auferstandenen Herrn Jesus ein für alle Mal überwunden sein.[53]

> Obwohl wir wissen, dass wir letztlich als Sieger aus diesem Kampf hervorgehen, werden viele Brüder und Schwestern auf dem Kampfplatz dieses Erdenlebens fallen und ihr Leben lassen.

Der Sieg ist uns sicher, wir sind auf der Siegerseite – jetzt und für ewig! Aber das Leben, auch das Leben eines Christen, ist ein ständiger Kampf. Es ist der Kampf zu vergeben, wenn man verletzt wird, zu lieben, wenn man gehasst wird, zu geben, wenn man übervorteilt wird, und ein Zeuge von Jesus Christus zu sein, obwohl man dadurch angefeindet wird. Und obwohl wir wissen, dass wir letztlich als Sieger aus diesem Kampf hervorgehen, werden viele Brüder und Schwestern auf dem Kampfplatz dieses Erdenlebens fallen und ihr Leben lassen. In dieser Welt werden wir Christen Ablehnung erfahren. Menschen werden unsere Vergebung und Liebe missbrauchen und Wahrheit als Intoleranz interpretieren. Und in manchen Ländern werden Christen auch heute noch gefoltert und getötet, nur weil sie sich zu Christus bekennen.

---

[52] Mt. 16,18.
[53] Offb.12,9-11; 21,4; 1. Kor. 15,54-57.

Sie werden mich erwürgen

Martin Luther, dem zu diesem Zeitpunkt wegen Ketzerei der
Scheiterhaufen drohte, schrieb auf der Coburg 1530 in schwers-
ten Anfechtungen eine Auslegung zum Psalm 118. Daraus sind
folgende Sätze:

»Sie werden mich erwürgen. Was wollen sie danach tun? Vielleicht wieder aufwecken und noch einmal töten? Obwohl sie nur
töten können, wenn mein HERR es erlaubt. Sol-
len sie ruhig Jahr für Jahr ratschlagen, Messer
wetzen, Zähne blecken. Sie können uns töten,
aber unseren HERRN können sie nicht töten, der
ist bei uns und bleibt auch bei uns. Wenngleich
die Not nicht ablässt, so habe ich doch einen mächtigen und starken
Rückhalter, der bei mir steht, dass es mir leicht wird zu kämpfen.
Wer ist das? Der große HERR selber!«

Als Christen sind wir
nicht immer sicher,
aber wir haben eine
ewige Gewissheit.

Luther unterschied zwischen *Securitas* (Sicherheit) und *Certitudo*
(Gewissheit). Als Christen sind wir nicht immer sicher, aber wir
haben eine ewige Gewissheit. Gott hat uns nirgends versprochen,
die äußeren Umstände in diesem Leben so zu lenken, dass wir
immer sicher sind. Aber Gott hat uns die Gewissheit gegeben, dass
er uns nie verlassen wird und dass wir sowohl heute als auch in
Ewigkeit in seiner Gegenwart sind und bleiben. Darum haben wir
als seine Kinder »ewiges Leben«, weil Leben Gemeinschaft mit
Gott bedeutet.[54] Und die kann uns niemand mehr nehmen. Luther
gebrauchte ein Bild, in dem er die Spannung zwischen Sicherheit
und Gewissheit auszudrücken versuchte. Er sagte: »Ich hänge über
einem riesigen Abgrund und halte mich fest an einem seidenen
Faden. Aber der Faden hält!«

---

[54] Mt. 28,20; Joh.10,27-29; 1. Joh. 2,25, Mt. 25,46.

Jonatan und sein Freund

Meine Lieblingsgeschichte diesbezüglich ist die von Jonatan und seinem Waffenträger.[55] Sie geschah zu der Zeit, als die Philister über Israel herrschten. Den Israeliten wurde verboten, Waffen herzustellen, und sämtliche Schmieden wurden zerstört. Selbst die Pflugscharen mussten im Ausland für teures Geld gekauft werden. Somit waren die Israeliten wehrlos und die Philister konnten ihre Untertanen herumscheuchen, so oft und so viel sie wollten. Nur König Saul und sein Sohn Jonatan hatten ein Schwert. Jedes Mal wenn die Philister sich wieder einen Spaß erlaubten und Jagd auf ein paar hilflose Israeliten machten, mussten diese sich in Höhlen und Gruben verstecken. Eines Tages wollte Jonatan diesen Zustand nicht mehr länger ertragen und nahm sich vor, die Philister anzugreifen, nur er allein mit einem Schwert, einem Freund und seinem Gott. Bevor sie loszogen, sagte er diese Worte zu seinem Freund: *»Komm, lass uns hinübergehen zu dem Posten dieser Unbeschnittenen! Vielleicht wird der HERR etwas für uns tun, denn für den HERRN gibt es kein Hindernis, durch viele oder durch wenige zu helfen«* (1. Sam. 14,6).

Jonatan hatte großes Gottvertrauen. Er wusste, dass Gott absolut fähig und groß genug ist, um mit zwei Männern zwanzig Krieger zu besiegen. Jonatan glaubte daran, dass Gott den Sieg schenken kann, aber es war ihm auch bewusst, dass er und sein Freund dabei draufgehen könnten. Gott schenkt den Sieg, aber er muss es nicht jetzt und er muss es nicht mit mir tun. Jonatan war demütig genug, sich selbst einzugestehen: Es kann auch sein, dass ich absolut falschliege! Und darum sagte er zu seinem Freund: Lass uns gehen, für Gott ist nichts unmöglich. Aber mein Freund, es kann sein, dass wir beide dabei draufgehen!

---

[55] 1. Sam. 13+14.

Und sein Freund antwortete ihm: »*Tu alles, was du vorhast! Geh nur hin! Siehe, ich bin mit dir in allem, was du vorhast*« (1. Sam. 14,7). Das ist ein wahrer Freund!

Meine Erfahrungen mit dem Wort »vielleicht«

Nicht selten lasse ich mich auf etwas ein, weil ich überzeugt bin davon, dass es richtig ist. Die Idee entspricht dem allgemeinen Willen Gottes und es ergibt Sinn.

Da möchte man doch meinen, dass man frisch und fröhlich im Vertrauen auf Gott losgeht und das »Land einnimmt«. Aber das ist in der Regel nicht meine Erfahrung. Solange eine Idee nur eine Idee ist, habe ich kaum Zweifel, dass das alles von Gott kommt. Aber wenn es dann darauf ankommt, diese Idee umzusetzen, kommen in mir fast immer Zweifel auf, ob das Ganze nicht doch nur meine eigene Idee ist. Meine anfängliche Sicherheit weicht mehr und mehr dem Wort »vielleicht«, speziell dann, wenn andere Personen involviert sind.

> Gott schenkt den Sieg, aber er muss es nicht jetzt und er muss es nicht mit mir tun.

Griechenland im Jahr 1996

Anfang der 90er-Jahre lernte ich Theo Goutzios, einen australischen Griechen, im Tauernhof kennen. Seit Jahren waren er und seine Frau Sandra bereits damals in Griechenland als Missionare tätig. Da die Zusammenarbeit mit der damaligen Missionsgemeinschaft zu Ende ging, suchten sie einen neuen Partner, um in Griechenland arbeiten zu können. 1995 haben wir uns vom Tauernhof entschlossen, sie zu unterstützen. Nachdem sie ein Jahr im Tauernhof mitgearbeitet hatten, sind Theo und ich schließlich nach Griechenland geflogen, um Ausschau zu halten, wo wir unsere Arbeit beginnen sollten. Wir fuhren per Autostopp durch Nordgriechenland und hatten keine Ahnung, wo wir beginnen sollten. Wo immer es uns gefallen hat, fragten wir nach Häusern, die zu vermieten wären, oder günstige Grundstücke, die zu verkaufen wären. Schließlich entschlossen wir uns, ein kleines Haus auf der Insel Thassos zu mieten. Theo und Sandra zogen beide an einen Ort auf der Insel Thassos und versuchten ein Jahr lang, Kontakte mit Einheimischen zu knüpfen. Nach diesem Jahr kam ein Mann ab und zu in ihr Haus, um in der Bibel zu lesen, und das auch nur, weil Theo für ihn als Fischer arbeitete. In dieser Zeit ging mir oft folgender Gedanke durch den Kopf: »Vielleicht war das Ganze nie von Gott, vielleicht waren es immer nur unsere eigenen Gedanken? Was sollen wir jetzt tun? Menschen haben uns finanziell unterstützt in der Hoffnung, dass Gott etwas bewirkt unter den Menschen in Griechenland. Wir haben inzwischen fast alles verbraucht und nichts erreicht. Vielleicht war das Ganze ein riesengroßer Fehler!?«

Dennoch gingen wir immer wieder das Wagnis ein in der Hoffnung, dass Gott vielleicht ein Wunder tut.

Ich zweifelte nicht an der Allmacht Gottes, aber ich war mir nicht mehr sicher, ob ich mich nicht doch verhört hatte und meine eigene Stimme als die Stimme Gottes interpretiert hatte.

Menschen, die Begleitung brauchen

Im Tauernhof haben wir immer wieder »praktizierende Studenten«, die kurzzeitig als Volontäre teilnehmen und in gewissen Bereichen mithelfen. Dabei schickt uns Gott ab und zu Menschen, die mehr Betreuung und Aufmerksamkeit benötigen als andere. Vor Jahren besuchte ich in einem deutschen Gefängnis einen Häftling, der im Gefängnis zum Glauben an Jesus Christus kam. Nach seiner 20-jährigen Haftstrafe war er auf Arbeitssuche. Nach vielem Überlegen und Gebet hatte ich das Gefühl, dass es richtig sei, ihn bei uns aufzunehmen. Ich besprach es mit meinen Mitarbeitern und alle waren einverstanden. So lud ich ihn ein, ohne die geringste Ahnung zu haben, wie man mit solchen Menschen umgeht. Gleich nach der Einladung kamen mir ernsthafte Zweifel, ob ich nicht doch vielleicht einen schweren Fehler gemacht hatte.

Ähnlich ergeht es mir jedes Mal, wenn wir Studenten als Praktikanten einladen, von denen wir wissen, dass sie besonders viel Hilfe und Aufmerksamkeit brauchen, ob sie nun ein Problem mit Drogen haben, depressiv oder psychisch labil sind. Man kann nie sicher sein, ob man diesen Menschen überhaupt helfen kann, und es besteht ein relativ großes Risiko, dass man sich selbst und die anderen Mitarbeiter überfordert. Rückblickend auf die vergangenen Jahre, muss ich bekennen, dass es manchmal voll danebengeschlagen hat, andere Male war es okay und ab und zu konnte solchen Personen tatsächlich bei uns geholfen werden. Aber ich würde jede dieser Personen wieder bei uns aufnehmen, denn es hat uns letztlich als Team immer gestärkt, wir gewannen diese Menschen immer lieb und jeder kleine Erfolg belohnte die Mühe.

Aber ich war mir jedes Mal unsicher, ob das nun wirklich der Wille Gottes ist. Dennoch gingen wir immer wieder das Wagnis ein in der Hoffnung, dass Gott vielleicht ein Wunder tut und es wirklich seine Sache ist.

Bauen und das liebe Geld

In kaum einem anderen Bereich tue ich mich so schwer, Gott zu vertrauen, wie im finanziellen Bereich. Obwohl ich Gott schon Dutzende Male »in Aktion« gesehen und erlebt habe, wie treu er uns versorgt, kommen immer wieder Zweifel hoch, ob er es auch dieses Mal tun wird. Wir sind im Tauernhof sehr gesegnet mit ausgebuchten Bibelschulen und Freizeitprogrammen. Wegen der großen Nachfrage und um die Wohnqualität zu verbessern, haben wir in den letzten 15 Jahren ständig gebaut, umgebaut und renoviert. Es ist immer dasselbe Spiel: Man erstellt eine Kalkulation, schaut auf den Kontostand und rechnet optimistisch mit bleibend guter Auslastung. Dann beginnt man den Bau und stellt fest, dass es doch mehr kostet als ursprünglich geplant, speziell bei Umbauten. Aber man zieht es dann trotzdem durch, freut sich nach der Fertigstellung über das gelungene Werk und beginnt zu zweifeln, wenn man einen Blick auf den Kontostand wirft. Und jedes Mal frage ich mich wieder: War das Ganze jetzt wirklich Gottes Wille oder wollte nur ich es so haben?

Und schon wieder begegnet mir das Wort »vielleicht«. Vielleicht war ich zu optimistisch, zu ungeduldig oder einfach zu ungenau in meinen Berechnungen?

Und schon wieder begegnet mir das Wort »vielleicht«. Vielleicht war ich zu optimistisch, zu ungeduldig oder einfach zu ungenau in meinen Berechnungen? Fragen, Zweifel und Unsicherheit kommen auf. Und doch will ich weitergehen im Vertrauen darauf, dass Gott es gut gehen lassen kann.

Ich bin unendlich dankbar für diese Erfahrungen. Ich möchte, soweit es an mir liegt, verantwortungsvoll und klug handeln. Aber wenn ich etwas auf meinem Herzen habe und es als richtig beurteile vor Gott und vor den Menschen, dann möchte ich mutig nach vorne schreiten in dem Wissen, dass ein großer Gott mich begleitet. Ich will es tun, auch wenn mir dabei etwas zustoßen könnte oder sich herausstellen sollte, dass ich mich im Hinblick auf Gottes Willen getäuscht habe.

Der Schritt nach vorne ist nicht immer ein logischer Schritt

Als Jonatan und sein Freund in Richtung Feind unterwegs waren, tat Jonatan etwas höchst Unlogisches. Die Philister saßen oben auf einer Art Felsvorsprung, während Jonatan und sein Waffenträger am Fuße dieser steilen Wand standen. Da sprach Jonatan zu seinem Freund: »*Wenn der Feind uns entdeckt und zu uns sagt, dass sie zu uns herunterkommen, so wollen wir nichts unternehmen. Wenn sie uns jedoch auffordern, zu ihnen hochzukommen, dann werden wir kämpfen.*« Das ist höchst unlogisch! Ich hätte es anders gemacht. Ich hätte die Philister einzeln zu mir runterklettern lassen und dann einen nach dem anderen mit meinem Schwert erledigt, denn sie brauchten ihre Hände ja zum Klettern. Nachdem der erste getötet war, hätte der Waffenträger auch ein Schwert gehabt und wir wären schon zu zweit gewesen (1. Sam. 14,8-15).

Aber Jonatan machte es genau umgekehrt. Er und sein Freund kletterten »*auf Händen und Füßen hinauf*« (Vers 13). Warum steht so ein unbedeutendes Detail in dem Bericht? Jeder Mensch weiß, dass man nicht mit der Unterlippe einen Felsen hochklettert. Aber dieses Detail ist wichtig, denn es betont die absolute Wehrlosigkeit Jonatans und seines Waffenträgers. Jonatan sagte sich:

»Wenn wir diese Schlacht gewinnen, dann ist es von vorne bis hinten ein Werk Gottes. Darum will ich nichts aus eigener Kraft tun, sondern mich auf seine Führung verlassen.«

Und in diesem Fall errang Gott durch die zwei Männer einen gewaltigen Sieg.

Eine persönliche Frage

Sind Sie bereit, so wie Jonatan im Vertrauen auf Gott nach vorne zu gehen, auch wenn es unlogisch ist? Rechnen Sie mit dem Eingreifen Gottes, auch wenn Sie im Kampf dabei draufgehen? Sind Sie mehr darauf bedacht, nur immer schön bewahrt zu bleiben, oder sind Sie bereit, ein Risiko einzugehen?

> Wir haben ohnehin keine Wahl, wie wir sterben und wann wir sterben, aber wir haben eine Wahl, wie wir leben.

Sich auf Gott einzulassen ist gefährlich, aber das Leben wird augenblicklich spannend. Wir haben ohnehin keine Wahl, wie wir sterben und wann wir sterben, aber wir haben eine Wahl, wie wir leben.

Umfrage in Amerika

In den 90er-Jahren hörte ich von einer interessanten Umfrage in den USA. Ein Team befragte ein paar Hundert Menschen, die älter als 70 Jahre alt waren, was sie anders machen würden, wenn sie ihr Leben noch einmal leben könnten. Das Ergebnis war höchst interessant. Die meisten dieser Menschen, die ihr Leben mehr oder weniger hinter sich hatten, würden folgende drei Dinge tun, wenn sie noch einmal auf dieser Erde leben könnten:

1. Sie würden mehr riskieren.
2. Sie würden öfter einmal innehalten und eine Bestandsaufnahme ihres Lebens machen und wenn notwendig den Kurs ändern.
3. Sie würden in Projekte und Dinge investieren, die in dieser Welt auch dann noch einen Einfluss haben, wenn sie bereits gestorben sind.

Darum, lieber Leser, ist mein Gebet für Sie nicht, dass Gott Sie heute bewahrt, sondern dass Sie gefährlich und unberechenbar sind in einer gelangweilten und abgestumpften Gesellschaft. Dass Sie Menschen lieben, wo man, menschlich gesehen, nicht mehr lieben kann, dass Sie Menschen Hoffnung geben, wo andere bereits längst aufgegeben haben, und dass Sie selbst so begeistert sind von Jesus Christus, dass Sie ansteckend werden für die Menschen, mit denen Sie leben.

Darum, lieber Leser, ist mein Gebet für Sie nicht, dass Gott Sie heute bewahrt, sondern dass Sie gefährlich und unberechenbar sind in einer gelangweilten und abgestumpften Gesellschaft.

Wir müssen nicht zurückkommen

Major Thomas, der Gründer der Fackelträger, ist bereits 91 Jahre alt und schloss seine Predigt bei der letzten internationalen Mitarbeiterkonferenz in England mit folgender Geschichte:

Ein Schiff befand sich auf dem offenen Meer, als ein furchtbarer Sturm aufkam. Nachdem die Mannschaft eine Zeit lang versucht hatte, dem Sturm zu trotzen, erkannten sie die aussichtslose Lage und alarmierten die Seerettung. Das Rettungsteam hörte den Notruf und die Männer machten sich augenblicklich bereit, das gefährdete Schiff zu retten. Ein junges Mitglied der Rettungsmannschaft, noch ein Teenager, schaute in die finstere Nacht und das tobende Meer. In seiner Angst rannte er zum Kapitän des Rettungsschiffes, klammerte sich an seinen Arm und sagte: »Sir, wir können da nicht hinausfahren in die dunkle Nacht! Wir werden nie mehr zurückkehren!« Der alte Kapitän nahm die Hand des Jungen, schaute ihm in die Augen und sagte: »Junge, da draußen im Meer sind Menschen, die verloren sind. Sie kämpfen um ihr Leben und sie warten verzweifelt auf Hilfe. Mein Sohn, wir müssen zu ihnen hinausfahren und wir müssen nicht zurückkommen!«

Lieber Leser: Der Herr Jesus hat uns im Prinzip nur drei Gebote gegeben, die wir beachten müssen:

- Erstens sagte er: »Kommet her zu mir!«
- Zweitens sagte er: »Liebe deinen Nächsten wie dich selbst.«
- Und drittens befahl er: »Gehet hin in alle Welt!« (Mt.11,28; 19,19; 28,19).

Wir müssen mit Jesus hinausgehen und wir müssen nicht zurück-kommen.

KAPITEL 11
Das Kreuz – eine Torheit Gottes

»Denn das Wort vom Kreuz ist denen, die verloren gehen,
Torheit; uns aber, die wir errettet werden, ist es Gottes Kraft.«
(1. Kor. 1,18)

Dieser Vers steht eingeschnitzt im Gipfelkreuz der Scheichenspitze, dem Hausberg meiner Heimatgemeinde Ramsau am Dachstein. Ich wollte in diesem Buch ganz bewusst mit dem Kreuz von Christus beginnen und auch damit enden. Das Kreuz von Jesus ist nämlich das größte Paradox des Universums: Es ist einerseits die größte Torheit Gottes und andererseits das herausragendste Ereignis der Geschichte.

Das Kreuz als »Kraft Gottes« und Zentrum der Geschichte

Eugene Peterson schreibt: »Die Kreuzigung von Jesus Christus ist ein überwältigendes, einmaliges Ereignis in der Geschichte der Menschheit. Es gibt keine militärische Schlacht, keine geografische Erforschung, keine wissenschaftliche Entdeckung, kein literarisches Werk, keine künstlerische Leistung in der Musik, Architektur oder Malerei, keine Heldentat, die man damit vergleichen kann. Die Kreuzigung von Jesus ist einmalig, gewaltig, ohne Beispiel und ohne Parallele. Das Kreuz von Christus ist nicht ein kleiner Unfall in der politischen Geschichte des ersten Jahrhunderts oder eine Illustration für eine mutige Opfertat. Das Kreuz von Christus ist der Mittelpunkt der Geschichte, das Zentralereignis, dem alles andere untergeordnet ist. Die Kreuzigung von Jesus ist keine Hintergrundmusik, sondern der Mittelpunkt des Menschheitsdramas.«[56]

Am Kreuz starb nicht irgendein Held, sondern der Sohn Gottes. Er starb nicht für eine Idee, sondern um der Menschheit die Rettung zu bringen. Was keine Religion, keine Ideologie oder Philosophie zustande bringen konnte, hat Jesus am Kreuz vollbracht. Denn das Kreuz von Jesus ist der einzige Ort im Universum, wo ein Mensch die Schuld und Sünde seines Lebens abladen und somit »aus der Welt schaffen« kann. Darum ist das Kreuz von Jesus bis heute die »Kraft Gottes«, wo Millionen von Menschen Vergebung, Hoffnung und Leben finden.

Warum ist das Wort vom Kreuz eine Torheit?

Ich persönlich würde es nicht wagen, über die Torheit oder Verrücktheit Gottes zu reden, wenn nicht das Wort Gottes selbst es tun würde. Paulus schreibt:

Die Botschaft vom Kreuz ist deshalb eine Torheit, weil sie sich gegen den menschlichen Stolz richtet.

»*Denn das Törichte Gottes ist weiser als die Menschen, und das Schwache Gottes ist stärker als die Menschen*« (1. Kor. 1,25).

Der Glaube an das Kreuz ist nicht deshalb eine Torheit, weil es intellektuell naiv wäre, an Christus zu glauben. Viele der brillantesten Denker der Menschheit waren und sind Nachfolger von Jesus. Nein, die Botschaft vom Kreuz ist deshalb eine Torheit, weil sie sich gegen den menschlichen Stolz richtet. Wenn jemand zum Kreuz kommt und um Vergebung bittet, muss er sich vor Christus demütigen. Er muss zugeben, dass er ein Sünder ist und Hilfe braucht. Und das will unser Stolz nicht

---

[56] Eugene Peterson, Traveling Light, Helmers and Howard, Colorado Springs 1982, Seite 86.

zulassen. Darum war, ist und bleibt das Kreuz ein »Ärgernis« für die Juden und eine »Dummheit« für die Nationen (siehe 1. Kor. 1,23). John Stott hat es in seinem Buch »The Cross of Christ« folgendermaßen formuliert: »Das Evangelium des Kreuzes wird niemals eine populäre Botschaft sein, weil es den Stolz unserer Vernunft und unseres Charakters, unsere Eingebildetheit, demütigt.«[57] Darum wird das Kreuzesgeschehen nach wie vor belächelt, verspottet, in Witzen entstellt und mit Füßen getreten. Es wird ignoriert oder, wie im Koran, eliminiert. Bezeichnend für diese willentliche Ignoranz ist das berühmte Zitat von Friedrich Nietzsche (1844–1900), welcher das Christentum heftig bekämpfte. Er sagte über sich selbst:

»Das habe ich gethan, sagt mein Gedächtnis. Das kann ich nicht gethan haben, sagt mein Stolz, und bleibt unerbittlich. Endlich – giebt das Gedächtnis nach.«[58]

Nur der Demütige empfängt das Kreuz

Für den, der sich vor Christus demütigt, wird das Kreuz zur Kraft Gottes. Für den Stolzen, den »Klugen dieser Welt« bleibt es verschlossen. Der Apostel Paulus schrieb: »*Erinnert euch, liebe Brüder, dass nur wenige von euch in den Augen der Welt weise oder mächtig oder angesehen waren, als Gott euch berief. Gott hat das auserwählt, was in den Augen der Welt gering ist, um so diejenigen zu beschämen, die sich selbst für weise halten. Er hat das Schwache erwählt, um das Starke zu erniedrigen. Er hat das erwählt, was von der Welt verachtet und gering geschätzt wird, um das zunichtezumachen, was in der*

---

[57] John Stott, The Cross of Christ, Inter-Varsity Press, Leicester, England 1986, Seite 226.

[58] Der Philosoph Nietzsche wurde im Jahre 1889 als Wahnsinniger in eine Nervenanstalt eingeliefert. Wenige Tage vor seinem Tod unterschrieb er seine letzten Briefe mit »Der Gekreuzigte«. Bischof Dietzfelbinger sagte zu diesem Phänomen: »Menschen, die mit aller Macht gegen Christus kämpfen, offenbaren ungewollt, dass sie von Christus nicht loskommen.«

Welt wichtig ist, damit kein Mensch sich je vor Gott rühmen kann«
(1. Kor. 1,26-29; NLB).

Unter dem Kreuz kann sich kein Mensch etwas auf sich selbst einbilden. Nur der in Demut Empfangende wird zugelassen. Als Paulus das Evangelium von Christus in der verrufenen Stadt Korinth[59] verkündete, predigte er 18 Monate lang nur ein Thema: Jesus Christus, der Gekreuzigte (1. Kor. 2,1+2). Diese Botschaft kam in dieser versumpften Gesellschaft an. Es entstand eine Gemeinde, zu der ehemalige »Ehebrecher, Prostituierte, Homosexuelle, Diebe, Habgierige, Trinker, Lästerer und Räuber« gehörten (1. Kor. 6,9-11; NLB). Aber sie »wurden reingewaschen« durch das

---

[59] Die Redensart »korinthisch leben« bedeutete schon seit Platon (428/427 v. Chr. – 348/347 v. Chr.): sexuell freizügig leben. Im Tempel von Korinth waren 1 000 Prostituierte tätig, die alle in der Stadt ein Häuschen hatten mit einem Rosengarten davor. Zwei Drittel der großen und reichen Stadt waren Sklaven.

Blut von Christus. Die Kreuzesbotschaft hatte ihnen den Weg zu einem neuen Leben verschafft. Im benachbarten intellektuellen Athen kam die Botschaft vom Kreuz nicht so gut an. Sie nannten Paulus einen Schwätzer und verspotteten ihn. Es war ihnen zu »einfach«, zu töricht.

Die Torheit der Predigt

Weil Gott in uns Menschen nicht Klugheit, sondern Demut sucht, hat es ihm gefallen, »*durch die Torheit der Predigt die Glaubenden zu erretten*« (1. Kor. 1,21). In der Bibel begegnen wir immer wieder diesen »Torheiten Gottes«, die unseren menschlichen Stolz und Intellekt ärgern. Wir stoßen uns am Handeln Gottes, denn es scheint uns unvernünftig und unpassend zu sein. Das war immer so und es wird immer so bleiben. Ich möchte neben dem Kreuz hier noch zwei andere »Torheiten« herausgreifen.

Erste Torheit: Naaman und Elisa (2. Kön. 5,1-14)

Naaman war Befehlshaber der syrischen Armee und somit einer der mächtigsten Männer im Land. Er litt jedoch an einer Hautkrankheit, die ihm schwer zu schaffen machte. In seiner Familie hatten sie ein Kindermädchen aus dem angrenzenden Israel. Dieses israelitische Mädchen erzählte ihnen von einem Propheten namens Elisa, der in ihrem Heimatland wohnte und Wunder tat und Kranke heilte. Auf ihr Wort hin machte sich Naaman auf den Weg, um vom Propheten Elisa geheilt zu werden. Er hatte feste Vorstellungen davon, wie der Prophet ihm die Hände auflegen und der Aussatz dann augenblicklich verschwinden würde, und er wollte ihn auch gut dafür entlohnen. Als er bei ihm ankam, verlief alles ganz anders. Der Prophet kam nicht einmal aus dem Haus, um den Kranken zu sehen, sondern ließ ihm nur ausrichten, er solle siebenmal in den Fluss Jordan springen und baden gehen. Das war dem Naaman zu blöd. Er war beleidigt und empört über eine solch dumme und respektlose Behandlung und »*er wandte sich um und ging im Zorn davon*« (Vers 12).

Die Diener Naamans jedoch ermutigten ihren erbosten Herrn, es doch zu versuchen und sich auf das Wort des Propheten, wenn es auch töricht sein mochte, einzulassen. Naaman beherzigte schließlich ihre Worte und stieg ins Wasser. Und dann lesen wir: »*Da stieg er hinab und tauchte im Jordan siebenmal unter nach dem Wort des Mannes Gottes. Da wurde sein Fleisch wieder wie das Fleisch eines jungen Knaben, und er wurde rein.*« (Vers 14)

Die Anordnung des Propheten war töricht in den Augen der Menschen, aber es war die Wahrheit. Naaman ließ sich auf das Wort ein und wurde geheilt.

Zweite Torheit: Die eherne Schlange (4. Mose 21, 4-9)

Obwohl die Israeliten jeden Tag die Versorgung Gottes erlebten, jammerten sie und waren ungeduldig mit Gott. Hinter ihnen war das geteilte Meer, über ihnen war die Wolkensäule als sichtbares Zeichen der Gegenwart Gottes (nachts war es die Feuersäule), unter ihnen war das Manna, mit dem Gott sie täglich versorgte, und vor ihnen war das Versprechen Gottes, sie in das Gelobte Land zu führen. Aber das war ihnen ziemlich egal. Obwohl es ihr eigener Ungehorsam war, der sie 40 Jahre lang durch die Wüste hatte ziehen lassen, beschuldigten sie jetzt Gott (wir sind ihnen, so glaube ich, oftmals sehr ähnlich).

Manchmal muss Gott harte Maßnahmen ergreifen, damit wir wieder lernen, richtig zu denken und die Realität der Dinge zu erkennen. So auch in diesem Fall. Gott schickte giftige Schlangen ins Lager der Israeliten und viele starben an den tödlichen Bissen. In dieser Not erkannten sie ihr falsches Denken und schrien zu Gott um Vergebung und baten ihn, die Schlangen wieder wegzunehmen. Und Gott erhörte ihr Rufen. Jedoch entfernte er nicht einfach die Schlangen, sondern gab ihnen eine Möglichkeit, vom tödlichen Gift der Schlangen geheilt zu werden. Gott befahl Mose, in der Mitte des Zeltlagers eine Stange aufzurichten und, ähnlich wie bei einem Kreuz, eine eherne Schlange darauf zu befestigen. Und jeder, der diese Schlange ansah, sollte geheilt werden.

Stellen Sie sich vor, wie Mose von Zelt zu Zelt ging und den Menschen, die bereits gebissen worden waren, Folgendes sagte: »Ich sehe, dass es schlimm um dich steht. Aber du musst dich jetzt nur aufraffen und aus dem Zelt kriechen. Unten am Weg siehst du so eine Stange mit einer bronzenen Schlange darauf gebunden. Wenn du die anschaust, dann bist du geheilt!«

Stellen Sie sich weiter vor, dass der kranke Mann ein intellektueller Typ war. Er wird zu Mose gesagt haben: »Mose, es ist ja ganz nett, dass du mich besuchen kommst, denn es geht mir sehr schlecht. Ich habe schon alles Mögliche versucht – Salben meiner Mutter und Medizin unseres Arztes. Einige Gläubige haben sogar schon für mich gebetet. Es hat alles nichts geholfen. Und jetzt kommst du und willst mir einreden, dass ich aus dem Zelt kriechen und so einen komischen Pfahl anschauen soll. Mose, ich bin enttäuscht von dir. Das ist nicht nur dumm, sondern fast schon gemein von dir, mir so etwas zuzumuten!« Diese Aufforderung von Mose war für viele wahrscheinlich zu dumm, zu naiv, zu töricht.

Andere jedoch, so lesen wir, ließen sich auf das Wort Gottes ein, blickten auf diesen Pfahl mit der Schlange und wurden geheilt. *»Und Mose machte eine Schlange von Bronze und tat sie auf die Stange; und es geschah, wenn eine Schlange jemanden gebissen hatte und er schaute auf zu der ehernen Schlange, so blieb er am Leben«* (Vers 9).

Es war töricht, aber es war wahr. Jeder, der die Schlange ansah, blieb am Leben. Und jeder, der die Schlange nicht ansah, weil es ihm zu blöd war, so etwas zu tun, starb.

Dritte Torheit: Das Kreuz auf Golgatha

Die allergrößte Torheit Gottes, die wir in der Geschichte der Menschheit finden, ist das Kreuz auf Golgatha. *Die Tatsache, dass der Sohn eines armen Zimmermanns, geboren in einem Stall in Bethlehem, aufgewachsen im Bergdorf Nazareth und gekreuzigt in Jerusalem, die Rettung für die ganze Menschheit bedeutet, ist eine Beleidigung der »Menschenweisheit«.* Diese Tat, das Kreuz auf Golgatha, ist die allergrößte Torheit, die Gott uns Menschen zumutet. Wie kann Gott so etwas Verrücktes tun?! Ja, es ist tatsächlich töricht, aber es ist wahr!

Es ist eine Liebesgeschichte, auf einem hölzernen Kreuz in Blut geschrieben, aufgestellt vor 2000 Jahren auf einem Hügel in Judäa.

Johannes spricht: *»Wer an den Sohn glaubt, hat ewiges Leben; wer aber dem Sohn nicht gehorcht, wird das Leben nicht sehen, sondern der Zorn Gottes bleibt auf ihm«* (Joh. 3,36).

Wer den Sohn hat, der hat das Leben. Wer den Sohn nicht hat, der bleibt im Tod. Es mag verrückt klingen, aber es ist die Wahrheit!

- Naaman ließ sich letztlich auf das törichte Wort Elisas ein und wurde geheilt.
- Jeder Mensch, der im Lager Israels die Augen auf die eherne Schlange richtete, blieb am Leben.
- Und jeder Mensch, der sich auf das Angebot von Jesus Christus einlässt, hat das ewige Leben.

Diese »Torheit Gottes« ist seine ewige Liebesgeschichte mit uns Menschen. Es ist eine Liebesgeschichte, auf einem hölzernen Kreuz in Blut geschrieben, aufgestellt vor 2000 Jahren auf einem Hügel in Judäa.

Jesus, das Alpha und Omega der Menschheitsgeschichte

Dieser Jesus, der damals gekreuzigt wurde, ist der außergewöhnlichste Mensch, der jemals diese Erde betreten hat. Er hat die Geschichte in zwei Teile geteilt. Er hat die moralischen Maßstäbe für alle christlichen Nationen gelegt. Er hat über 300 Prophetien aus dem Alten Testament bei seinem ersten Kommen erfüllt.

Jesus ist:
Der letzte Adam
Der Prophet wie Mose
Der Priester wie Melchisedek
Der Feldherr wie Josua
Der König wie David
Der weise Ratgeber wie Salomo
Der geliebte, verstoßene und erhobene Sohn wie Josef

Das Opfer am bronzenen Altar
Das Brot des Lebens
Das scheinende Licht
Das gesprengte Blut am Gnadenthron
Das lebendige Wasser aus dem Fels
Das Manna vom Himmel
Die erhobene Schlange
Das geopferte Passahlamm
Der Sündenbock
Der Löwe von Juda
Der gute Hirte
Die Lilie der Täler
Die Wurzel aus trockenem Boden und doch der sprossende Zweig
Der Mann ohne Gestalt und Pracht und doch der Allerliebste und Begehrenswerteste

Alle diese Rätsel aus dem Alten Testament wurden entsiegelt und entziffert in der Person von Jesus Christus. Und so wie er zum ersten Mal als Retter kam, wird er zum zweiten Mal auch wiederkommen, allerdings als Richter.

Was sollen wir nun tun?

Eins von zwei Dingen! Wir können, so wie Nietzsche, das Wort vom Kreuz unterdrücken und ablehnen oder zu ignorieren versuchen. Oder wir können uns dem Herrn Jesus Christus täglich zuwenden, demütig bekennen, dass wir ihn brauchen, und dabei unser altes Leben verlieren, um das neue Leben in Christus zu gewinnen.

Und so möchte ich dieses Buch mit dem Satz aus dem Vorwort beenden:

Wenn das, was Sie in diesen Kapiteln gelesen haben, nicht stimmt, dann zählt es überhaupt nicht, dann vergessen Sie es. Aber wenn es stimmt, dann zählt sonst überhaupt nichts mehr, dann können Sie es nicht vergessen!

Was ich mir für Sie wünsche

Der unbegreifliche Gott erfülle dein Leben mit seiner Kraft,
dass du entbehren kannst, ohne hart zu werden,
dass du leiden kannst, ohne zu zerbrechen,
dass du Niederlagen hinnehmen kannst, ohne dich aufzugeben,
dass du schuldig werden kannst, ohne dich zu verachten,
dass du mit Unbeantwortbarem leben kannst,
ohne die Hoffnung preiszugeben.

Der HERR segne dich und behüte dich!
Der HERR lasse sein Angesicht über dir leuchten und sei dir
gnädig! Der HERR erhebe sein Angesicht auf dich und gebe dir
Frieden!
(4. Mose 6,24-26)

Hans Peter Royer

Nach dem Amen bete weiter
Im Alltag mit Jesus unterwegs

Gebunden, 13,5 x 21,5 cm, 144 Seiten
Nr. 395.802, ISBN 978-3-7751-5802-2
Auch als E-Book e

»Paradies ist nichts anderes, als in inniger Beziehung mit Gott zu leben«, definiert Hans Peter Royer. Royer erzählt offen von eigenen Glaubensschritten. Das verbreitet eine Aufbruchsstimmung, sich nicht mit der Sehnsucht zufriedenzugeben, sondern dranzubleiben.

Hans Peter Royer

Dunkler als Finsternis – heller als Licht

Gebunden, 13,5 x 21,5 cm, 144 Seiten
Nr. 395.803, ISBN 978-3-7751-5803-9
Auch als E-Book e

Hans Peter Royer zeigt: Selbst in den finstersten Ecken der Welt leuchtet Jesus Name heller als jedes Flutlicht. Begeistert erzählt er, wie Jesus auch unser Leben hell macht. Seine Faszination von der Einzigartigkeit und Schönheit Jesu strahlt dem Leser entgegen.

Bitte fragen Sie in Ihrer Buchhandlung nach diesen Titeln!
Oder schreiben Sie an: SCM Hänssler in der SCM Verlagsgruppe GmbH,
D-71087 Holzgerlingen; E-Mail: info@scm-haenssler.de;
Internet: www.scm-haenssler.de

Hans Peter Royer

Wofür mein Herz schlägt

Gebunden, 13,5 x 21,5 cm, 160 Seiten
Nr. 395.897, ISBN 978-3-7751-5897-8
Auch als E-Book 📖

Hans Peter Royer plante, ein weiteres Buch zu verfassen, als er im August 2013 tragisch verunglückte. Das Thema: Gottes Liebe – seine Liebe zu uns, unsere Liebe zu ihm, und was diese Liebe konkret für Auswirkungen auf uns selbst und unsere Nächsten hat. Hier hat seine Frau Hannelore Texte aus seinem Nachlass zusammengestellt.

Hans Peter Royer, Hannelore Royer

Der Liebesbrief des Vaters

Leinen, 10,5 x 16,5 cm, 144 Seiten
Nr. 395.787, ISBN 978-3-7751-5787-2
Auch als E-Book 📖

Gott hat Ihnen einen Liebesbrief geschrieben – die Bibel. Hannelore und Hans Peter Royer haben die schönsten Bibelverse ausgewählt und diese unter den verschiedenen Facetten der Liebe Gottes zusammengestellt. Ein inspirierendes Buch und wunderbares Geschenk.

Bitte fragen Sie in Ihrer Buchhandlung nach diesen Titeln!
Oder schreiben Sie an: SCM Hänssler in der SCM Verlagsgruppe GmbH,
D-71087 Holzgerlingen; E-Mail: info@scm-haenssler.de;
Internet: www.scm-haenssler.de